CARTA ENCÍCLICA
SPE SALVI
DO SUMO PONTÍFICE BENTO XVI

AOS BISPOS, PRESBÍTEROS E DIÁCONOS,
ÀS PESSOAS CONSAGRADAS
E A TODOS OS FIÉIS LEIGOS

SOBRE A ESPERANÇA CRISTÃ

© Libreria Editrice Vaticana 2007

Direção-geral: *Flávia Reginatto*
Editora responsável: *Vera Ivanise Bombonatto*

7ª edição – 2011
8ª reimpressão – 2021

Nenhuma parte desta obra poderá ser reproduzida ou transmitida por qualquer forma e/ou quaisquer meios (eletrônico ou mecânico, incluindo fotocópia e gravação) ou arquivada em qualquer sistema ou banco de dados sem permissão escrita da Editora. Direitos reservados.

Paulinas

Rua Dona Inácia Uchoa, 62
04110-020 – São Paulo – SP (Brasil)
Tel.: (11) 2125-3500
http://www.paulinas.com.br – editora@paulinas.com.br
Telemarketing e SAC: 0800-7010081

© Pia Sociedade Filhas de São Paulo – São Paulo, 2007

CARTA ENCÍCLICA
SPE SALVI
DO SUMO PONTÍFICE BENTO XVI
AOS BISPOS, PRESBÍTEROS E DIÁCONOS,
ÀS PESSOAS CONSAGRADAS
E A TODOS OS FIÉIS LEIGOS
SOBRE A ESPERANÇA CRISTÃ

Introdução

1. *SPE SALVI facti sumus* – "É na esperança que fomos salvos", diz São Paulo aos Romanos e a nós também (Rm 8,24). A "redenção", a salvação, segundo a fé cristã, não é um simples dado de fato. A redenção é-nos oferecida no sentido de que nos foi dada a esperança, uma esperança fidedigna, graças à qual podemos enfrentar nosso tempo presente: o presente, ainda que custoso, pode ser vivido e aceite, se levar a uma meta e se pudermos estar seguros desta meta; se esta meta for tão grande que justifique a canseira do caminho. E imediatamente se levanta a questão: mas de que gênero é tal esperança para poder justificar a afirmação segundo a qual a partir dela, e simplesmente porque ela existe, nós fomos redimidos? E de que tipo de certeza se trata?

A fé é esperança

2. Antes de nos debruçarmos sobre estas questões, hoje particularmente sentidas, devemos escutar com um pouco mais de atenção o testemunho da Bíblia sobre a esperança. Esta é, de fato, uma palavra central da fé bíblica, a ponto de, em várias passagens, ser possível intercambiar os termos "fé" e "esperança". Assim, a Carta aos Hebreus liga estreitamente a "plenitude da fé" (10,22) com a "imutável profissão da esperança" (10,23). De igual modo, quando a Primeira Carta de Pedro exorta os cristãos a estarem sempre prontos a responder a propósito do *logos* – o sentido e a razão – da sua esperança (1Pd 3,15), "esperança" equivale à "fé". Quão determinante se revelasse para a consciência dos primeiros cristãos o fato de terem recebido o dom de uma esperança fidedigna, manifesta-se também nos textos onde se compara a existência cristã com a vida anterior à fé ou com a situação dos adeptos de outras religiões. Paulo lembra aos Efésios que, antes do seu encontro com Cristo, estavam "sem esperança e sem Deus no mundo" (Ef 2,12). Naturalmente, ele sabe que tinham seguido deuses, que tiveram uma religião, mas os seus deuses revelaram-se discutíveis e, dos seus mitos contraditórios, não emanava nenhuma esperança. Apesar de terem deuses, estavam "sem Deus" e, conseqüentemente, achavam-se num mundo tenebroso, perante um futuro obscuro. *In nihil ab nihilo*

quam cito recidimus (No nada, do nada, quão cedo recaímos)[1] diz um epitáfio daquela época; palavras nas quais aparece, sem rodeios, aquilo a que Paulo alude. Ao mesmo tempo, diz aos Tessalonicenses: não deveis "entristecer-vos como os outros que não têm esperança" (1Ts 4,13). Aparece aqui também como elemento distintivo dos cristãos o fato de estes terem um futuro: não é que conheçam em detalhe o que os espera, mas sabem em termos gerais que a sua vida não acaba no vazio. Somente quando o futuro é certo como realidade positiva, é que se torna vivível também o presente. Sendo assim, podemos agora dizer: o cristianismo não era apenas uma "boa-nova", ou seja, uma comunicação de conteúdos até então ignorados. Em linguagem atual, dir-se-ia: a mensagem cristã não era só "informativa", mas "performativa". Isto significa que o Evangelho não é apenas uma comunicação de realidades que se podem saber, mas uma comunicação que gera fatos e muda a vida. A porta tenebrosa do tempo, do futuro, foi aberta de par em par. Quem tem esperança vive diversamente; foi-lhe dada uma vida nova.

3. Porém, agora se coloca a questão: em que consiste esta esperança que, enquanto esperança, é "redenção"? Pois bem, o núcleo da resposta encontra-se no trecho da Carta aos Efésios já citado: os Efésios,

---

[1] *Corpus Inscriptionum Latinarum*, Vol. VI, n. 26003.

antes do encontro com Cristo, estavam sem esperança, porque estavam "sem Deus no mundo". Chegar a conhecer Deus, o verdadeiro Deus: isto significa receber esperança. A nós, que desde sempre convivemos com o conceito cristão de Deus e a ele nos habituamos, a posse de tal esperança que provém do encontro real com este Deus quase nos passa despercebida. O exemplo de uma santa da nossa época pode, de certo modo, ajudar-nos a entender o que significa encontrar pela primeira vez e realmente este Deus. Refiro-me a Josefina Bakhita, uma africana canonizada pelo Papa João Paulo II. Nascera por volta de 1869 – ela mesma não sabia a data precisa – no Darfur, Sudão. Aos nove anos de idade foi raptada pelos traficantes de escravos, espancada barbaramente e vendida cinco vezes nos mercados do Sudão. Por último, acabou escrava a serviço da mãe e da esposa de um general, onde era diariamente seviciada até o sangue; resultado disso foram as 144 cicatrizes que lhe ficaram para toda a vida. Finalmente, em 1882, foi comprada por um comerciante italiano para o cônsul Callisto Legnani, que, ante a avançada dos mahdistas, voltou para a Itália. Depois de "patrões" tão terríveis que a tiveram como sua propriedade até então, Bakhita acabou por conhecer um "patrão" totalmente diferente – no dialeto veneziano que agora havia aprendido, chamava "Paron" ao Deus vivo, ao Deus de Jesus Cristo. Até então só tinha conhecido patrões que a desprezavam e maltratavam ou, na melhor das hipóteses, a consideravam uma escrava útil. Mas agora ouvia dizer que existia um "paron" acima de todos os patrões, o Senhor de todos os senhores, e que este Senhor era bom, a bondade em pessoa. Soube que este Senhor também a conhecia, tinha-a criado; mais ainda, amava-a. Também ela era amada, e precisamente pelo "Paron" supremo, diante do qual todos os outros patrões não passavam de miseráveis servos. Ela era conhecida, amada e esperada.

Mais ainda, este Patrão tinha enfrentado pessoalmente o destino de ser flagelado e agora estava à espera dela "à direita de Deus Pai". Agora ela tinha "esperança"; já não aquela pequena esperança de achar patrões menos cruéis, mas a grande esperança: "Eu sou definitivamente amada, e, aconteça o que acontecer, eu sou esperada por este Amor. Assim a minha vida é boa". Mediante o conhecimento desta esperança, ela estava "redimida", já não se sentia escrava, mas uma livre filha de Deus. Entendia aquilo que Paulo queria dizer quando lembrava aos Efésios que, antes, estavam sem esperança e sem Deus no mundo: sem esperança porque sem Deus. Por isso, quando quiseram levá-la de novo para o Sudão, Bakhita negou-se; não estava disposta a deixar-se separar novamente do seu "Paron". A 9 de janeiro de 1890, foi batizada e crismada e recebeu a Sagrada Comunhão das mãos do Patriarca de Veneza. A 8 de dezembro de 1896, em Verona, pronunciou os votos na Congregação das Irmãs Canossianas e, desde então, a par dos serviços na sacristia e na portaria do convento, em várias viagens pela Itália procurou, sobretudo, incitar à missão: a libertação recebida através do encontro com o Deus de Jesus Cristo, sentia que devia estendê-la, tinha de ser dada também a outros, ao maior número possível de pessoas. A esperança, que nascera para ela e a "redimira", não podia guardá-la para si; esta esperança devia chegar a muitos, chegar a todos.

O conceito de esperança baseada sobre a fé no Novo Testamento e na Igreja primitiva

4. Antes de enfrentar a questão de saber se também para nós o encontro com aquele Deus que, em Cristo, nos mostrou a sua face e abriu o seu coração poderá ser "performativo" e não somente "informativo", ou seja, se poderá transformar a nossa vida a ponto de nos fazer sentir redimidos através da esperança que o mesmo exprime, voltemos de novo à Igreja primitiva. Não é difícil notar como a experiência da humilde escrava africana Bakhita foi também a experiência de muitas pessoas maltratadas e condenadas à escravidão no tempo do cristianismo nascente. O cristianismo não tinha trazido uma mensagem sociorrevolucionária semelhante à de Espártaco, que tinha fracassado após lutas cruentas. Jesus não era Espártaco, não era um guerreiro em luta por uma libertação política, como

Barrabás ou Bar-Kochba. Aquilo que Jesus – ele mesmo morto na cruz – tinha trazido era algo totalmente distinto: o encontro com o Senhor de todos os senhores, o encontro com o Deus vivo e, desse modo, o encontro com uma esperança que era mais forte do que os sofrimentos da escravatura e, por isso mesmo, transformava a partir de dentro a vida e o mundo. A novidade do que tinha acontecido revela-se, com máxima evidência, na Carta de São Paulo a Filêmon. Trata-se de uma carta, muito pessoal, que Paulo escreve no cárcere e entrega ao escravo fugitivo Onésimo para o seu patrão – precisamente Filêmon. É verdade, Paulo envia de novo o escravo para o seu patrão, de quem tinha fugido, e o faz não impondo, mas suplicando: "Venho pedir-te por Onésimo, meu filho, que gerei na prisão [...]. De novo to enviei e tu torna a recebê-lo, como às minhas entranhas [...]. Talvez ele se tenha apartado de ti por algum tempo, para que tu o recobrasses para sempre, não já como escravo, mas, em vez de escravo, como irmão muito amado" (Fm 10-16). Os homens que, segundo o próprio estado civil, se relacionam entre si como patrões e escravos, quando se tornaram membros da única Igreja passaram a ser entre si irmãos e irmãs – assim se tratavam os cristãos mutuamente. Em virtude do Batismo, tinham sido regenerados, tinham bebido do mesmo Espírito e recebiam conjuntamente, um ao lado do outro, o Corpo do Senhor. Apesar de as estruturas externas permanecerem as mesmas, isto transformava a sociedade a partir de dentro. Se a Carta aos Hebreus diz que os cristãos não têm aqui neste mundo uma morada permanente, mas procuram a futura (cf. Hb 11,13-14; Fl 3,20), isto não significa de modo algum adiar para uma perspectiva futura: a sociedade presente é reconhecida pelos cristãos como uma sociedade imprópria; eles pertencem a uma sociedade nova, rumo à qual caminham e que, na sua peregrinação, é antecipada.

5. Devemos acrescentar ainda um outro ponto de vista. A Primeira Carta aos Coríntios (1,18-31) mostra-nos que uma grande parte dos primeiros cristãos pertencia às classes baixas da sociedade e, por isso mesmo, se sentia livre para a experiência da nova esperança, como constatamos no exemplo de Bakhita. Porém, já desde os começos, havia também conversões nas classes aristocráticas e cultas, visto que também estas viviam "sem esperança e sem Deus no mundo". O mito tinha perdido a sua credibilidade; a religião romana de Estado tinha-se esclerosado em mero cerimonial, que se realizava escrupulosamente, mas reduzido já simplesmente a uma "religião política". O racionalismo filosófico tinha relegado os deuses para o campo do irreal. O divino era visto de variados modos nas forças cósmicas, mas um Deus a quem se podia rezar não existia. Paulo ilustra, de forma absolutamente apropriada, a problemática essencial da religião de então, quando contrapõe à vida "segundo Cristo" uma vida sob o domínio dos "elementos do mundo" (Cl 2,8). Nesta perspectiva,

pode ser esclarecedor um texto de São Gregório Nazianzeno. Diz ele que, no momento em que os magos guiados pela estrela adoraram Cristo, o novo rei, deu-se por encerrada a astrologia, pois agora as estrelas giram segundo a órbita determinada por Cristo.[2] De fato, nesta cena fica invertida a concepção do mundo de então, que hoje, de um modo distinto, aparece de novo florescente. Não são os elementos do cosmo, as leis da matéria que, no fim das contas, governam o mundo e o homem, mas é um Deus pessoal que governa as estrelas, ou seja, o universo; as leis da matéria e da evolução não são a última instância, mas razão, vontade, amor: uma Pessoa. E se conhecemos esta Pessoa e ela nos conhece, então verdadeiramente o poder inexorável dos elementos materiais deixa de ser a última instância; deixamos de ser escravos do universo e das suas leis, então somos livres. Tal consciência impeliu na antiguidade os ânimos sinceros a indagar. O céu não está vazio. A vida não é um simples produto das leis e da casualidade da matéria, mas em tudo e, contemporaneamente, acima de tudo há uma vontade pessoal, há um Espírito que em Jesus se revelou como Amor.[3]

6. Os sarcófagos dos primórdios do cristianismo ilustram visivelmente esta concepção (com a morte diante dos olhos, a questão do significado da vida tor-

---

[2] Cf. *Poemas dogmáticos*, V, 53-54: *PG* 37, 428-429.

[3] Cf. *Catecismo da Igreja Católica*, nn. 1817-1821.

na-se inevitável). A figura de Cristo é interpretada, nos antigos sarcófagos, sobretudo através de duas imagens: a do filósofo e a do pastor. Em geral, por filosofia não se entendia então uma difícil disciplina acadêmica, tal como ela se apresenta hoje. O filósofo era antes aquele que sabia ensinar a arte essencial: a arte de ser retamente homem, a arte de viver e de morrer. Certamente, já há muito tempo que os homens se tinham apercebido de que boa parte dos que circulavam como filósofos, como mestres de vida, não passava de charlatães que com suas palavras granjeavam dinheiro, enquanto sobre a verdadeira vida nada tinham a dizer. Isto era mais uma razão para se procurar o verdadeiro filósofo que soubesse realmente indicar o itinerário da vida. Quase ao fim do século III, encontramos pela primeira vez em Roma, no sarcófago de um menino e no contexto da ressurreição de Lázaro, a figura de Cristo como o verdadeiro filósofo que, numa mão, segura o Evangelho e, na outra, o bastão do viandante, próprio do filósofo. Com este bastão, ele vence a morte; o Evangelho traz a verdade que os filósofos peregrinos tinham buscado em vão. Nesta imagem, que sucessivamente por um longo período havia de perdurar na arte dos sarcófagos, torna-se evidente aquilo que tanto as pessoas cultas como as simples encontravam em Cristo: ele diz-nos quem é na realidade o homem e o que ele deve fazer para ser verdadeiramente homem. Ele indica-nos o caminho, e este caminho é a verdade. Ele mesmo é simultaneamente um e outra, sendo por isso também a vida de que todos nós andamos à procura. Ele indica ainda o caminho para além da morte; só quem tem a possibilidade de fazer isto é um verdadeiro mestre de vida. O mesmo se torna visível na imagem do pastor. Tal como sucedia com a representação do filósofo, assim também na figura do pastor a Igreja primitiva podia apelar a modelos existentes da arte romana. Nesta, o pastor era, em geral, expressão do sonho de uma vida serena e simples de que as pessoas, na confusão da grande cidade, sentiam saudade. Agora a imagem era lida no âmbito de um novo cenário que lhe conferia um conteúdo mais profundo: "O Senhor é meu pastor, nada me falta [...]. Mesmo que atravesse vales sombrios, nenhum mal temerei, porque estais comigo" (Sl 23[22],1.4). O verdadeiro pastor é aquele que conhece também o caminho que passa pelo vale da morte; aquele que, mesmo na estrada da derradeira solidão, onde ninguém me pode acompanhar, caminha comigo, servindo-me de guia ao atravessá-la: ele mesmo percorreu esta estrada, desceu ao reino da morte, venceu-a e voltou para nos acompanhar a nós agora e nos dar a certeza de que, juntamente com ele, acha-se uma passagem. A certeza de que existe aquele que, mesmo na morte, me acompanha e com o seu "bastão e o seu cajado me conforta", de modo que "não devo temer nenhum mal" (cf. Sl 23[22],4): esta era a nova "esperança" que surgia na vida dos crentes.

7. Devemos voltar, uma vez mais, ao Novo Testamento. No décimo primeiro capítulo da Carta aos Hebreus (v. 1), encontra-se, por assim dizer, certa definição da fé que entrelaça estreitamente esta virtude com a esperança. À volta da palavra central desta frase, começou a gerar-se, desde a Reforma, uma discussão entre os exegetas, mas que parece hoje encaminhar-se para uma interpretação comum. Por enquanto, deixo o termo em questão sem traduzir. A frase soa, pois, assim: "A fé é *hypostasis* das coisas que se esperam; prova das coisas que não se vêem". Para os Padres e para os teólogos da Idade Média, era claro que a palavra grega *hypostasis* devia ser traduzida em latim pelo termo *substantia*. De fato, a tradução latina do texto, feita na Igreja antiga, diz: *Est autem fides sperandarum substantia rerum, argumentum non apparentium* – "A fé é a 'substância' das coisas que se esperam; a prova das coisas que não se vêem". Tomás de Aquino,[4] servindo-se da terminologia da tradição filosófica em que se encontra, explica: a fé é um *habitus*, ou seja, uma predisposição constante do espírito, em virtude do qual a vida eterna tem início em nós e a razão é levada a consentir naquilo que não vê. Desse modo, o conceito de "substância" é modificado para significar que pela fé, de forma incoativa – poderíamos dizer *in germen* e, portanto, segundo a "substância" – já estão

---

[4] *Summa Theologiae*, II-IIae., q. 4, a. 1.

presentes em nós as coisas que se esperam: a totalidade, a vida verdadeira. E precisamente porque a coisa em si já está presente, esta presença daquilo que há de vir cria também certeza: esta "coisa" que deve vir ainda não é visível no mundo externo (não "aparece"), mas pelo fato de a trazermos, como realidade incoativa e dinâmica dentro de nós, surge já agora certa percepção dela. A Lutero, que não nutria muita simpatia pela Carta aos Hebreus, em si própria o conceito de "substância", no contexto da sua visão da fé, nada significava. Por isso, interpretou o termo *hipóstase/substância* não no sentido objetivo (de realidade presente em nós), mas no subjetivo, isto é, como expressão de uma atitude interior e, conseqüentemente, teve naturalmente de entender também o termo *argumentum* como uma disposição do sujeito. No século XX, esta interpretação impôs-se também na exegese católica – pelo menos na Alemanha –, de modo que a tradução ecumênica em alemão do Novo Testamento, aprovada pelos Bispos, diz: "Glaube aber ist: Feststehen in dem, was man erhofft, Überzeugtsein von dem, was man nicht sieht" ("Fé é: permanecer firmes naquilo que se espera, estar convencidos daquilo que não se vê"). Em si mesmo, isto não está errado; mas não é o sentido do texto, porque o termo grego usado (*elenchos*) não tem o valor subjetivo de "convicção", mas o valor objetivo de "prova". Com razão, pois, a recente exegese protestante chegou a uma convicção diversa: "Agora, porém, já não restam dúvidas de que esta interpretação protestante, tida como clássica, é insustentável".[5] A fé não é só uma inclinação da pessoa para realidades que hão de vir, mas estão ainda totalmente ausentes; ela dá-nos algo. Dá-nos já agora algo da realidade esperada, e esta realidade presente constitui para nós uma "prova" das coisas que ainda não se vêem. Ela atrai o futuro para dentro do presente, de modo que aquele já não é o puro "ainda-não". O fato de este futuro existir muda o presente; o presente é tocado pela realidade futura, e assim as coisas futuras derramam-se naquelas presentes e as presentes, nas futuras.

8. Esta explicação fica ainda mais reforçada e aplicada à vida concreta se considerarmos o versículo 34 do décimo capítulo da Carta aos Hebreus, que, sob o aspecto da língua e do conteúdo, tem a ver com esta definição de uma fé perpassada de esperança e prepara-a. No texto, o autor fala aos crentes que viveram a experiência da perseguição, dizendo-lhes: "Não só vos compadecestes dos encarcerados, mas aceitastes com alegria a confiscação dos vossos bens (*hyparchonton* – v.g.: *bonorum*), sabendo que possuís uma riqueza melhor (*hyparxin* – v.g.: *substantiam*) e imperecível". *Hyparchonta* são as propriedades, aquilo que na vida terrena constitui a sustentação, precisamente a base,

---

[5] H. Köster, em: *ThWNT*, VIII (1969) 585.

a "substância" da qual se necessita para viver. Esta "substância", a segurança normal para a vida, foi tolhida aos cristãos durante a perseguição. Eles suportaram-na, porque em todo caso consideravam transcurável esta substância material. Podiam prescindir dela, porque tinham achado uma "base" melhor para a sua existência – uma base que permanece e que ninguém lhes pode tirar. Não é possível deixar de ver a ligação existente entre estas duas espécies de "substância", entre a sustentação ou base material e a afirmação da fé como "base", como "substância" que permanece. A fé confere à vida uma nova base, um novo fundamento, sobre o qual o homem se pode apoiar, e, conseqüentemente, o fundamento habitual, ou seja, a confiança na riqueza material, relativiza-se. Cria-se uma nova liberdade diante deste fundamento da vida que só aparentemente é capaz de sustentar, embora o seu significado normal não seja certamente negado com isso. Esta nova liberdade, a consciência da nova "substância" que nos foi dada, ficou patente no martírio, quando as pessoas se opuseram à prepotência da ideologia e dos seus órgãos políticos e, com a sua morte, renovaram o mundo. Mas não é só no martírio... Aquela se manifestou sobretudo nas grandes renúncias, a começar dos monges da antiguidade até São Francisco de Assis e às pessoas do nosso tempo que, nos institutos e movimentos religiosos atuais, deixaram tudo para levar aos homens a fé e o amor de Cristo, para ajudar as pessoas que sofrem no corpo e na alma. Aqui a nova "substância" confirmou-se realmente como "substância": da esperança destas pessoas tocadas por Cristo brotou esperança para outros que viviam na escuridão e sem esperança. Ficou demonstrado que esta nova vida possui realmente "substância", e é "substância" que suscita vida para os outros. Para nós, que vemos tais figuras, este seu atuar e viver é, de fato, uma "prova" de que as coisas futuras, ou seja, a promessa de Cristo, não são uma realidade apenas esperada, mas uma verdadeira presença: ele é realmente o "filósofo" e o "pastor" que nos indica o que seja e onde está a vida.

9. Para compreender mais profundamente esta reflexão sobre as duas espécies de substâncias – *hypostasis* e *hyparchonta* – e sobre as duas maneiras de viver que com elas se exprimem, devemos refletir ainda brevemente sobre duas palavras referentes ao assunto, que se encontram no décimo capítulo da Carta aos Hebreus. Trata-se das palavras *hypomone* (10,36) e *hypostole* (10,39). *Hypomone* traduz-se normalmente por "paciência", perseverança, constância. Este saber esperar, suportando pacientemente as provas, é necessário para o crente poder "obter as coisas prometidas" (cf. 10,36). Na religiosidade do antigo judaísmo, esta palavra era usada expressamente para a espera de Deus, característica de Israel, para este perseverar na fidelidade a Deus, na base da certeza da Aliança, num mundo

que contradiz a Deus. Sendo assim, a palavra indica uma esperança vivida, uma vida baseada na certeza da esperança. No Novo Testamento, esta espera de Deus, este estar da parte de Deus assume um novo significado: é que, em Cristo, Deus manifestou-se. Comunicou-nos já a "substância" das coisas futuras, e assim a espera de Deus adquire uma nova certeza. É espera das coisas futuras a partir de um dom já presente. É espera – na presença de Cristo, isto é, com Cristo presente – que se completa no seu Corpo, na perspectiva da sua vinda definitiva. Diversamente, com *hypostole*, exprime-se o esquivar-se de alguém que não ousa dizer, abertamente e com franqueza, a verdade talvez perigosa. Este dissimular, por espírito de temor diante dos homens, conduz à "perdição" (Hb 10,39). Pois, "Deus não nos deu um espírito de timidez, mas de fortaleza, amor e sabedoria", lê-se na Segunda Carta a Timóteo (1,7), caracterizando assim, com uma bela expressão, a atitude fundamental do cristão.

A vida eterna – o que é?

10. Até agora estivemos a falar da fé e da esperança no Novo Testamento e nos inícios do cristianismo, mas deixando sempre claro que se tratava do passado; toda a reflexão feita tem a ver com a vida e a morte do homem em geral e, portanto, interessa-nos também a nós, aqui e agora. Chegou o momento, porém, de nos

colocarmos explicitamente a questão: para nós, hoje, a fé cristã é também uma esperança que transforma e sustenta a nossa vida? Para nós aquela é "performativa" – uma mensagem que plasma de modo novo a mesma vida – ou é simplesmente "informação" que, entretanto, pusemos de lado porque nos parece superada por informações mais recentes? Na busca de uma resposta, desejo partir da forma clássica do diálogo, usado no rito do Batismo, para exprimir o acolhimento do recém-nascido na comunidade dos crentes e o seu renascimento em Cristo. O sacerdote perguntava, antes de mais nada, qual era o nome que os pais tinham escolhido para a criança, e prosseguia: "O que é que pedis à Igreja?". Resposta: "A fé". "E o que é que vos dá a fé?". "A vida eterna". Como vemos por este diálogo, os pais pediam para a criança o acesso à fé, a comunhão com os crentes, porque viam na fé a chave para a "vida eterna". Com efeito, hoje, como sempre, é disto que se trata no Batismo, quando nos tornamos cristãos: é não somente um ato de socialização no âmbito da comunidade, nem simplesmente de acolhimento na Igreja. Os pais esperam algo mais para o batizando: esperam que a fé – de que faz parte a corporeidade da Igreja e dos seus sacramentos – lhe dê a vida, a vida eterna. Fé é substância da esperança. Aqui, porém, surge a pergunta: queremos nós, realmente, isto: viver eternamente? Hoje, muitas pessoas rejeitam a fé, talvez simplesmente porque a vida eterna não lhes parece uma coisa desejável. Não querem de modo algum a vida eterna, mas a presente; antes, a fé na vida eterna parece, para tal fim, um obstáculo. Continuar a viver eternamente – sem fim – parece mais uma condenação do que um dom. Certamente a morte queria-se adiá-la o mais possível. Mas, viver sempre, sem um termo, acabaria por ser fastidioso e, em última análise, insuportável. É isto precisamente que diz, por exemplo, o Padre da Igreja, Ambrósio, na sua elegia pelo irmão defunto, Sátiro: "Sem dúvida, a morte não fazia parte da natureza, mas tornou-se natural; porque Deus não instituiu a morte ao princípio, mas deu-a como remédio. Condenada pelo pecado a um trabalho contínuo e a lamentações insuportáveis, a vida dos homens começou a ser miserável. Deus teve de pôr fim a estes males, para que a morte restituísse o que a vida tinha perdido. Com efeito, a imortalidade seria mais penosa que benéfica, se não fosse promovida pela graça".[6] Antes, Ambrósio tinha dito: "Não devemos chorar a morte, que é a causa de salvação universal".[7]

11. Independentemente do que Santo Ambrósio quisesse dizer precisamente com estas palavras, é certo que a eliminação da morte ou mesmo o seu adiamento quase ilimitado deixaria a terra e a humanidade numa condição impossível e nem mesmo prestaria um benefício ao indivíduo. Obviamente há uma contradição na

---

[6] *De excessu fratris sui Satyri*, II, 47: *CSEL* 73, 274.

[7] Ibid., II, 46: *CSEL* 73, 273.

nossa atitude, que evoca um conflito interior da nossa mesma existência. Por um lado, não queremos morrer; sobretudo quem nos ama não quer que morramos. Mas, por outro, também não desejamos continuar a existir ilimitadamente, nem a terra foi criada com esta perspectiva. Então, o que é que queremos na realidade? Este paradoxo da nossa própria conduta suscita uma questão mais profunda: o que é, na verdade, a "vida"? E o que significa realmente "eternidade"? Há momentos em que, de repente, temos a sua percepção: sim, isto seria precisamente a "vida" verdadeira, assim deveria ser. Em comparação, aquilo que no dia-a-dia chamamos "vida", na verdade não o é. Agostinho, na sua extensa carta sobre a oração, dirigida a Proba – uma viúva romana rica e mãe de três cônsules –, escreve: no fundo, queremos uma só coisa, "a vida bem-aventurada", a vida que é simplesmente vida, pura "felicidade". No fim de contas, nada mais pedimos na oração. Só para ela caminhamos; só disto se trata. Porém, depois Agostinho diz também: se considerarmos melhor, no fundo, não sabemos realmente o que desejamos, o que propriamente queremos. Não conhecemos de modo algum esta realidade; mesmo naqueles momentos em que pensamos tocá-la, não a alcançamos realmente. "Não sabemos o que convém pedir" – confessa ele, citando São Paulo (Rm 8,26). Sabemos apenas que não é isto. Porém, no fato de não saber supomos que esta realidade deve existir. "Há em nós, por assim dizer, uma douta ignorância" (*docta ignorantia*) – escreve ele. Não sabemos realmente o que queremos; não conhecemos esta "vida verdadeira"; e, no entanto, sabemos que deve existir algo que não conhecemos e para isso nos sentimos impelidos.[8]

12. Penso que Agostinho descreve aqui, de modo muito preciso e sempre válido, a situação essencial do homem, uma situação donde provêm todas as suas contradições e as suas esperanças. De certo modo, desejamos a própria vida, a vida verdadeira, que depois não seja tocada nem sequer pela morte; mas, ao mesmo tempo, não conhecemos aquilo para que nos sentimos impelidos. Não podemos deixar de tender para isto e, no entanto, sabemos que tudo quanto podemos experimentar ou realizar não é aquilo por que anelamos. Esta "coisa" desconhecida é a verdadeira "esperança" que nos impele, e o fato de nos ser desconhecida é, ao mesmo tempo, a causa de todas as ansiedades como também de todos os ímpetos positivos ou destruidores para o mundo autêntico e o homem verdadeiro. A palavra "vida eterna" procura dar um nome a esta desconhecida realidade conhecida. Necessariamente é uma expressão insuficiente, que cria confusão. Com efeito, "eterno" suscita em nós a idéia do interminável, e isto nos amedronta; "vida", faz-nos pensar na existência por nós conhecida, que amamos e não queremos

---

[8] Cf. *Ep.* 130 *Ad Probam* 14, 25 – 15,28: *CSEL* 44, 68-73.

perder, mas que, freqüentemente, nos reserva mais canseiras que satisfações, de tal maneira que, se por um lado a desejamos, por outro não a queremos. A única possibilidade que temos é procurar sair, com o pensamento, da temporalidade de que somos prisioneiros e, de alguma forma, conjeturar que a eternidade não seja uma sucessão contínua de dias do calendário, mas algo parecido com o instante repleto de satisfação, em que a totalidade nos abraça e nós abraçamos a totalidade. Seria o instante de mergulhar no oceano do amor infinito, no qual o tempo – o antes e o depois – já não existe. Podemos somente procurar pensar que este instante é a vida em sentido pleno, um incessante mergulhar na vastidão do ser, ao mesmo tempo que ficamos simplesmente inundados pela alegria. Assim o exprime Jesus, no Evangelho de João: "Eu hei de ver-vos de novo; e o vosso coração alegrar-se-á e ninguém vos poderá tirar a vossa alegria" (16,22). Devemos olhar neste sentido, se quisermos entender o que visa a esperança cristã, o que esperamos da fé, do nosso estar em Cristo.[9]

A esperança cristã é individualista?

13. Ao longo da sua história, os cristãos procuraram traduzir este saber, que desconhece em figuras ilustrativas, explanando imagens do "céu" que ficam

---

[9] Cf. *Catecismo da Igreja Católica*, n. 1025.

sempre aquém daquilo que conhecemos precisamente só por negação, através de um não-conhecimento. Todas estas tentativas de representação da esperança deram a muitos, no decorrer dos séculos, a coragem de viverem segundo a fé e, assim, abandonarem inclusive os seus *hyparchonta*, os bens materiais para a sua existência. O autor da Carta aos Hebreus, no décimo primeiro capítulo, traçou, por assim dizer, uma história daqueles que vivem na esperança e da sua condição de caminhantes; uma história que desde Abel chega até a sua época. Contra este tipo de esperança acendeu-se, na idade moderna, uma crítica sempre mais dura: tratar-se-ia de puro individualismo, que teria abandonado o mundo à sua miséria, indo refugiar-se numa salvação eterna puramente privada. Henry de Lubac, na introdução à sua obra fundamental *Catholicisme. Aspects sociaux du dogme* (Catolicismo. Aspectos sociais do dogma), recolheu algumas vozes características deste tipo, uma das quais merece ser citada: "Será que encontrei a alegria? Não... Encontrei a minha alegria. O que é algo terrivelmente diferente... A alegria de Jesus pode ser individual. Pode pertencer a uma só pessoa, e esta está salva. Está em paz... agora e para sempre, mas ela só. Esta solidão na alegria não a perturba. Pelo contrário: ela sente-se precisamente a eleita! Na sua bem-aventurança, atravessa as batalhas com uma rosa na mão".[10]

---

[10] Jean Giono, *Les vraies richesses* (1936), Préface, Paris, 1992, pp. 18-20, em Henri De Lubac, *Catholicisme. Aspects sociaux du dogme*, Paris, 1983, p. VII.

14. A este respeito, De Lubac, baseando-se na teologia dos Padres em toda a sua amplidão, pôde demonstrar que a salvação foi sempre considerada como uma realidade comunitária. A mesma Carta aos Hebreus fala de uma "cidade" (cf. 11,10.16; 12,22; 13,14) e, portanto, de uma salvação comunitária. Coerentemente, o pecado é entendido pelos Padres como destruição da unidade do gênero humano, como fragmentação e divisão. Babel, o lugar da confusão das línguas e da separação, apresenta-se como expressão daquilo que é radicalmente o pecado. Desse modo, a "redenção" aparece precisamente como a restauração da unidade, em que nos encontramos novamente juntos na união que se delineia na comunidade mundial dos crentes. Não é necessário ocuparmo-nos aqui de todos os textos, nos quais transparece o caráter comunitário da esperança. Retomemos a Carta a Proba em que Agostinho tenta ilustrar um pouco esta desconhecida realidade de que andamos à procura. O seu ponto de partida é simplesmente a expressão "vida bem-aventurada [feliz]". Em seguida cita o Salmo 144(143),15: "Feliz o povo cujo Deus é o Senhor". E continua: "Para poder formar parte deste povo e [...] viver eternamente com ele, recordemos que 'o fim dos mandamentos é promover a caridade, que procede de um coração puro, de uma consciência reta e de uma fé sincera' (1Tm 1,5)".[11] Esta vida verdadeira, para a

---

[11] *Ep.* 130 *Ad Probam* 13, 24: *CSEL* 44, 67.

qual sempre tendemos, depende do fato de se estar na união existencial com um "povo" e pode realizar-se para cada pessoa somente no âmbito deste "nós". Aquela pressupõe, precisamente, o êxodo da prisão do próprio "eu", pois só na abertura deste sujeito universal é que se abre também o olhar para a fonte da alegria, para o amor em pessoa, para Deus.

15. Esta visão da "vida bem-aventurada" orientada para a comunidade visa, certamente, a algo que está para além do mundo presente, mas é, precisamente, deste modo que ela tem a ver também com a edificação do mundo – segundo formas muito distintas, conforme o contexto histórico e as possibilidades por ele oferecidas ou excluídas. No tempo de Agostinho, quando a irrupção de novos povos ameaçava aquela coesão do mundo que dava certa garantia de direito e de vida numa comunida-de jurídica, tratava-se de fortalecer os fundamentos real-mente basilares desta comunidade de vida e de paz, para poder sobreviver no meio da transformação do mundo. Deixando de lado outros casos, procuremos lançar um olhar sobre um momento da Idade Média, emblemático sob determinados aspectos. Na consciência comum, os mosteiros eram vistos como os lugares da fuga do mundo (*contemptus mundi*) e do subtrair-se à responsabilidade pelo mundo na procura da salvação privada. Bernardo de Claraval, que, com a sua Ordem reformada, trouxe uma multidão de jovens para os mosteiros, tinha a este respeito uma visão muito distinta. Na sua opinião, os

monges desempenham uma tarefa para o bem de toda a Igreja e, por conseguinte, também de todo o mundo. Com muitas imagens, ele ilustra a responsabilidade dos monges dentro do organismo inteiro da Igreja, antes, pela humanidade; aplica a eles esta frase do Pseudo-Rufino: "O gênero humano vive graças a poucos; se estes não existissem, o mundo pereceria...".[12] Os contemplativos (*contemplantes*) devem tornar-se trabalhadores agrícolas (*laborantes*) – diz ele. A nobreza do trabalho, que o cristianismo herdou do judaísmo, estava patente nas regras monásticas de Agostinho e de Bento. Bernardo retoma este conceito. Os jovens nobres que afluíam aos seus mosteiros deviam submeter-se ao trabalho manual. É verdade que Bernardo diz explicitamente que nem mesmo o mosteiro pode restabelecer o Paraíso; mas defende que aquele deve, como lugar de amanho manual e espiritual, preparar o novo Paraíso. O terreno bravio de um bosque torna-se fértil, precisamente quando, ao mesmo tempo, se deitam abaixo as árvores da soberba, extirpa-se o que de bravio cresce nas almas e se prepara assim o terreno onde possa prosperar pão para o corpo e para a alma.[13] Por acaso, olhando precisamente a história atual, não se constata novamente que nenhuma estruturação positiva do mundo é possível nos lugares onde as almas se brutalizam?

---

[12] *Sententiae* III, 118: *CCL* 6/2,215.

[13] Cf. ibid., III, 71: *CCL* 6/2, 107-108.

A transformação da fé-esperança cristã no tempo moderno

16. Como pôde desenvolver-se a idéia de que a mensagem de Jesus é estritamente individualista e visa apenas ao indivíduo? Como é que se chegou a interpretar a "salvação da alma" como fuga da responsabilidade geral e, conseqüentemente, a considerar o programa do cristianismo como busca egoísta da salvação, que se recusa a servir os outros? Para encontrar uma resposta à questão, devemos lançar um olhar sobre os componentes fundamentais do tempo moderno. Estes aparecem, com particular clareza, em Francis Bacon. Que uma nova época tenha surgido – graças à descoberta da América e às novas conquistas técnicas que permitiram este desenvolvimento – é um dado fora de discussão. Mas sobre o que é que se baseia esta mudança epocal? É a nova correlação de experiência e método que coloca o homem em condições de chegar a uma interpretação da natureza conforme as suas leis e, desse modo, conseguir finalmente "a vitória da arte sobre a natureza" (*victoria cursus artis super naturam*).[14] A novidade – conforme a visão de Bacon – está numa nova correlação entre ciência e prática. Isto foi depois aplicado também teologicamente: esta nova correlação entre ciência e prática significaria que o domínio sobre a

---

[14] *Novum Organum* I, 117.

criação, dado ao homem por Deus e perdido no pecado original, ficaria restabelecido.[15]

17. Quem lê estas afirmações, e nelas reflete com atenção, reconhece uma transição desconcertante: até então a recuperação daquilo que o homem, expulso do paraíso terrestre, tinha perdido esperava-se da fé em Jesus Cristo, e nisto se via a "redenção". Agora, esta "redenção", a restauração do "paraíso" perdido, já não se espera mais da fé, mas da ligação recém-descoberta entre ciência e prática. Com isto, não é que se negue simplesmente a fé; mas esta acaba deslocada para outro nível – o das coisas somente privadas e ultraterrestres – e, simultaneamente, torna-se de algum modo irrelevante para o mundo. Esta visão programática determinou o caminho dos tempos modernos, e influencia inclusive a atual crise da fé que, concretamente, é sobretudo uma crise da esperança cristã. Assim também a esperança, segundo Bacon, ganha uma nova forma. Agora se chama fé no progresso. Com efeito, para Bacon, resulta claro que os descobrimentos e as recentes invenções são apenas um começo e que, graças à sinergia entre ciência e prática, seguir-se-ão descobertas completamente novas, surgirá um mundo totalmente novo, o reino do homem.[16] Nesta linha, apresentou um panorama das invenções previsíveis,

---

[15] *Novum Organum* I, 10.

[16] Cf. *New Atlantis*.

chegando ao avião e ao submarino. Ao longo do posterior desenvolvimento da ideologia do progresso, a alegria pelos avanços palpáveis das potencialidades humanas permanece uma confirmação constante da fé no progresso enquanto tal.

18. Simultaneamente, há duas categorias que penetram sempre mais no centro da idéia de progresso: razão e liberdade. Aquele é, sobretudo, um progresso no crescente domínio da razão, sendo esta considerada obviamente um poder do bem e para o bem. O progresso é a superação de todas as dependências; é avanço para a liberdade perfeita. Também a liberdade é vista só como promessa, na qual o homem se realiza rumo à plenitude. Em ambos os conceitos – liberdade e razão – está presente um aspecto político. O reino da razão, de fato, é aguardado como a nova condição da humanidade feita totalmente livre. Todavia, as condições políticas deste reino da razão e da liberdade aparecem, à primeira vista, pouco definidas. Razão e liberdade parecem garantir por si mesmas, em virtude da sua intrínseca bondade, uma nova comunidade humana perfeita. Nos dois conceitos-chave de "razão" e "liberdade", tacitamente o pensamento coloca-se sempre em contraste com os vínculos da fé e da Igreja, como também com os vínculos dos ordenamentos estatais de então. Por isso, ambos os conceitos trazem em si um potencial revolucionário de enorme força explosiva.

19. Temos de lançar brevemente um olhar sobre duas etapas essenciais da concretização política desta esperança, porque são de grande importância para o caminho da esperança cristã, para a sua compreensão e persistência. Há, antes de mais nada, a Revolução francesa como tentativa de instaurar o domínio da razão e da liberdade agora também de modo politicamente real. Inicialmente, a Europa do Iluminismo contemplou fascinada estes acontecimentos, mas depois, à vista da sua evolução, teve de refletir de modo novo sobre razão e liberdade. Significativos destas duas fases de recepção do que acontecera na França são dois escritos de Emmanuel Kant, nos quais ele reflete sobre os acontecimentos. Em 1792, escreve a obra *Der Sieg des guten Prinzips über das böse und die Gründung eines Reichs Gottes auf Erden* (A vitória do princípio bom sobre o princípio mau e a constituição de um reino de Deus sobre a terra). Nela afirma: "A passagem gradual da fé eclesiástica ao domínio exclusivo da pura fé religiosa constitui a aproximação do reino de Deus".[17] Diz também que as revoluções podem apressar os tempos desta passagem da fé eclesiástica à fé racional. O "reino de Deus", de que falara Jesus, recebeu aqui uma nova definição e assumiu também uma nova presença; existe, por assim dizer, uma nova "expectativa imediata": o "reino de Deus" chega onde a fé eclesiástica é superada

---

[17] Cit. em: *Werke* IV, coordenado por W. WEISCHEDEL (1956), 777.

e substituída pela "fé religiosa", ou seja, pela mera fé racional. Em 1795, no livro *Das Ende aller Dinge* (O fim de todas as coisas), aparece uma imagem diferente. Agora, Kant leva em consideração a possibilidade de que, a par do fim natural de todas as coisas, se verifique também um fim contrário à natureza, perverso. Escreve a tal respeito: "Se acontecesse um dia chegar o cristianismo a não ser mais digno de amor, então o pensamento dominante dos homens deveria tomar a forma de rejeição e de oposição contra ele; e o anticristo [...] inauguraria o seu regime, mesmo que breve (baseado presumivelmente sobre o medo e o egoísmo). Em seguida, porém, visto que o cristianismo, embora destinado a ser a religião universal, de fato não teria sido ajudado pelo destino a sê-lo, poderia verificar-se, sob o aspecto moral, o fim (perverso) de todas as coisas".[18]

20. O século XIX não perdeu a sua fé no progresso como nova forma da esperança humana e continuou a considerar razão e liberdade como as estrelas-guia a seguir no caminho da esperança. Todavia, a evolução sempre mais rápida do progresso técnico e a industrialização com ele relacionada criaram, bem depressa, uma situação social completamente nova: formou-se a classe dos trabalhadores da indústria e o chamado "proletariado industrial", cujas terríveis condições de

---

[18] E. KANT, *Das Ende aller Dinge*, cit. em: *Werke*, coordenado por W. WEISCHEDEL, VI (1964), 190.

vida foram ilustradas de modo impressionante por Friedrich Engels, em 1845. Ao leitor, devia resultar claro que isto não pode continuar; é necessária uma mudança. Mas a mudança haveria de abalar e derrubar toda a estrutura da sociedade burguesa. Depois da revolução burguesa de 1789, tinha chegado a hora para uma nova revolução: a proletária. O progresso não podia limitar-se a avançar de forma linear e com pequenos passos. Urgia o salto revolucionário. Karl Marx recolheu este apelo do momento e, com vigor de linguagem e de pensamento, procurou iniciar este novo passo grande e, como supunha, definitivo da história rumo à salvação, rumo àquilo que Kant tinha qualificado como o "reino de Deus". Tendo-se diluído a verdade do além, tratar-se-ia agora de estabelecer a verdade do aquém. A crítica do céu transforma-se na crítica da terra; a crítica da teologia, na crítica da política. O progresso rumo ao melhor, rumo ao mundo definitivamente bom, já não vem simplesmente da ciência, mas da política – de uma política pensada cientificamente, que sabe reconhecer a estrutura da história e da sociedade, indicando assim a estrada da revolução, da mudança de todas as coisas. Com pontual precisão, embora de forma unilateralmente parcial, Marx descreveu a situação do seu tempo e ilustrou, com grande capacidade analítica, as vias para a revolução. E não só teoricamente, pois com o partido comunista, nascido do Manifesto Comunista de 1848, também a iniciou concretamente. A sua promessa, graças à agudeza das análises e à clara indicação dos instrumentos para a mudança radical, fascinou e não cessa de fascinar ainda hoje. E a revolução deu-se, depois, de forma mais radical na Rússia.

21. Com a sua vitória, porém, tornou-se evidente também o erro fundamental de Marx. Ele indicou com exatidão o modo como realizar o derrubamento. Mas não nos disse como as coisas deveriam proceder depois. Ele supunha simplesmente que, com a expropriação da classe dominante, a queda do poder político e a socialização dos meios de produção, ter-se-ia realizado a Nova Jerusalém. Com efeito, então ficariam anuladas todas as contradições; o homem e o mundo haveriam finalmente de ver claro em si próprios. Então tudo poderia proceder espontaneamente pelo reto caminho, porque tudo pertenceria a todos e todos haveriam de querer o melhor um para o outro. Assim, depois de cumprida a revolução, Lenin deu-se conta de que, nos escritos do mestre, não se achava nenhuma indicação sobre o modo como proceder. É verdade que ele tinha falado da fase intermédia da ditadura do proletariado como de uma necessidade que, porém, num segundo momento, ela mesma se demonstraria caduca. Esta "fase intermédia" conhecemo-la muito bem e sabemos também como depois evoluiu, não dando à luz o mundo sadio, mas deixando atrás de si uma destruição desoladora. Marx não falhou só ao deixar de idealizar os ordenamentos necessários para o mundo novo; com efeito, já não

deveria haver mais necessidade deles. O fato de não dizer nada sobre isso é lógica conseqüência da sua perspectiva. O seu erro situa-se numa profundidade maior. Ele esqueceu que o homem permanece sempre homem. Esqueceu o homem e a sua liberdade. Esqueceu que a liberdade permanece sempre liberdade, inclusive para o mal. Pensava que, uma vez colocada em ordem a economia, tudo se arranjaria. O seu verdadeiro erro é o materialismo: de fato, o homem não é só o produto de condições econômicas nem se pode curá-lo apenas do exterior, criando condições econômicas favoráveis.

22. Encontramo-nos assim novamente diante da questão: o que é que podemos esperar? É necessária uma autocrítica da idade moderna feita em diálogo com o cristianismo e com a sua concepção da esperança. Neste diálogo, também os cristãos devem aprender sempre de novo, no contexto dos seus conhecimentos e experiências, em que consiste verdadeiramente a sua esperança, o que temos para oferecer ao mundo e, ao contrário, o que não podemos oferecer. É preciso que, na autocrítica da idade moderna, conflua também uma autocrítica do cristianismo moderno, que deve aprender de novo a compreender-se a si mesmo a partir das próprias raízes. A este respeito, pode-se aqui mencionar somente alguns indícios. Antes de mais, devemos perguntar-nos: o que significa verdadeiramente "progresso"; o que ele promete e o que não promete? No

século XIX, já existia uma crítica à fé no progresso. No século XX, Teodoro W. Adorno formulou, de modo drástico, a problematicidade da fé no progresso: este, visto de perto, seria o progresso da funda à megabomba. Certamente, este é um lado do progresso que não se deve encobrir. Dito de outro modo: torna-se evidente a ambigüidade do progresso. Não há dúvida de que este oferece novas potencialidades para o bem, mas abre também possibilidades abissais de mal – possibilidades que antes não existiam. Todos nos tornamos testemunhas de como o progresso em mãos erradas pode ser, e foi, realmente um progresso terrível no mal. Se ao progresso técnico não corresponde um progresso na formação ética do homem, no crescimento do homem interior (cf. Ef 3,16; 2Cor 4,16), então aquele não é um progresso, mas uma ameaça para o homem e para o mundo.

23. No que diz respeito aos dois grandes temas "razão" e "liberdade", aqui é possível apenas acenar às questões correlacionadas com eles. Sem dúvida, a razão é o grande dom de Deus ao homem, e a vitória da razão sobre a irracionalidade é também um objetivo da fé cristã. Mas quando é que a razão domina verdadeiramente? Quando se separou de Deus? Quando ficou cega para Deus? A razão inteira reduz-se à razão do poder e do fazer? Se o progresso, para ser digno deste nome, necessita do crescimento moral da humanida-

de, então a razão do poder e do fazer deve de igual modo urgentemente ser integrada mediante a abertura da razão às forças salvíficas da fé, ao discernimento entre o bem e o mal. Somente assim é que se torna uma razão verdadeiramente humana. Torna-se humana apenas se for capaz de indicar o caminho à vontade, e só é capaz disso se olhar para além de si própria. Caso contrário, a situação do homem, devido à discrepância entre a capacidade material e a falta de juízo do coração, torna-se uma ameaça para ele e para a criação. Por isso, falando de liberdade, é preciso recordar que a liberdade humana requer sempre um concurso de várias liberdades. Este concurso, porém, não se pode efetuar se não for determinado por um critério intrínseco comum de ponderação, que é fundamento e meta da nossa liberdade. Digamos isto de uma forma mais simples: o homem tem necessidade de Deus; do contrário, fica privado de esperança. Consideradas as mudanças da era moderna, a afirmação de São Paulo, citada no princípio (Ef 2,12), revela-se muito realista e inteiramente verdadeira. Portanto, não há dúvida de que um "reino de Deus" realizado sem Deus – e, por conseguinte, um reino somente do homem – resolve-se inevitavelmente no "fim perverso" de todas as coisas, descrito por Kant: já o vimos e vemo-lo sempre de novo. De igual modo, também não há dúvida de que, para Deus entrar verdadeiramente nas realidades humanas, não basta ser pensado por nós; requer-se que ele mesmo venha ao nosso encontro e nos fale. Por isso, a razão necessita da fé para chegar a ser totalmente ela própria: razão e fé precisam uma da outra para realizar a sua verdadeira natureza e missão.

A verdadeira fisionomia da esperança cristã

24. Retomemos agora a questão: o que podemos esperar? E o que não podemos esperar? Antes de mais nada, devemos constatar que um progresso por adição só é possível no campo material. Aqui, no conhecimento crescente das estruturas da matéria e correlativas invenções cada vez mais avançadas, verifica-se claramente uma continuidade do progresso rumo a um domínio sempre maior da natureza. Mas, no âmbito da consciência ética e da decisão moral, não há tal possibilidade de adição, simplesmente porque a liberdade do homem é sempre nova e deve sempre de novo tomar as suas decisões. Nunca aparecem simplesmente já tomadas por outros em nosso lugar – neste caso, de fato, deixaríamos de ser livres. A liberdade pressupõe que, nas decisões fundamentais, cada homem, cada geração seja um novo início. Certamente as novas gerações, tal como podem construir sobre os conhecimentos e as experiências daqueles que as precederam, podem haurir do tesouro moral da humanidade inteira. Mas podem também recusá-lo, pois este não pode ter a mesma evidência das invenções materiais. O tesouro moral da humanidade

não está presente como o estão os instrumentos que se usam; aquele existe como convite à liberdade e como sua possibilidade. Isto, porém, significa que:

a) O reto estado das coisas humanas, o bem-estar moral do mundo não pode jamais ser garantido simplesmente mediante as estruturas, por mais válidas que estas sejam. Tais estruturas são não só importantes, mas necessárias; todavia, não podem nem devem impedir a liberdade do homem. Inclusive, as melhores estruturas só funcionam se numa comunidade subsistem convicções que sejam capazes de motivar os homens para uma livre adesão ao ordenamento comunitário. A liberdade necessita de uma convicção; esta não existe por si mesma, mas deve ser sempre novamente conquistada comunitariamente.

b) Visto que o homem permanece sempre livre e dado que a sua liberdade é também sempre frágil, não existirá jamais neste mundo o reino do bem definitivamente consolidado. Quem prometesse o mundo melhor que duraria irrevogavelmente para sempre, faria uma promessa falsa; ignoraria a liberdade humana. A liberdade deve ser incessantemente conquistada para o bem. A livre adesão ao bem nunca acontece simplesmente por si mesma. Se houvesse estruturas que fixassem de modo irrevogável uma determinada – boa – condição do mundo, ficaria negada a liberdade do homem e, por este motivo, não seriam de modo algum, em definitivo, boas estruturas.

25. Conseqüência de tudo isto é que a busca sempre nova e trabalhosa de retos ordenamentos para as realidades humanas é tarefa de cada geração: nunca é uma tarefa que se possa simplesmente dar por concluída. Mas cada geração deve dar a própria contribuição para estabelecer razoáveis ordenamentos de liberdade e de bem, que ajudem a geração seguinte na sua orientação para o reto uso da liberdade humana, dando assim – sempre dentro dos limites humanos – certa garantia para o futuro também. Por outras palavras: as boas estruturas ajudam, mas por si só não bastam. O homem não poderá jamais ser redimido simplesmente a partir de fora. Equivocaram-se Francis Bacon e os adeptos da corrente de pensamento da idade moderna nele inspirada, ao considerar que o homem teria sido redimido através da ciência. Com tal expectativa, está-se a pedir demasiado à ciência; esta espécie de esperança é falaz. A ciência pode contribuir muito para a humanização do mundo e dos povos. Mas pode também destruir o homem e o mundo, se não for orientada por forças que se encontram fora dela. Além disso, devemos constatar também que o cristianismo moderno, diante dos sucessos da ciência na progressiva estruturação do mundo, tinha-se concentrado em grande parte somente sobre o indivíduo e a sua salvação. Desse modo, restringiu o horizonte da sua esperança e não reconheceu suficientemente nem sequer a grandeza da sua tarefa – apesar de ser grande o que continuou a fazer na formação do homem e no cuidado dos fracos e dos que sofrem.

26. Não é a ciência que redime o homem. O homem é redimido pelo amor. Isto vale no âmbito deste mundo interior. Quando alguém experimenta na sua vida um grande amor, conhece um momento de "redenção" que dá um sentido novo à sua vida. Mas rapidamente se dará conta também de que o amor que lhe foi dado não resolve, por si só, o problema da sua vida. É um amor que permanece frágil. Pode ser destruído pela morte. O ser humano necessita do amor incondicionado. Precisa daquela certeza que o faz exclamar: "Nem a morte, nem a vida, nem os anjos, nem os principados, nem o presente, nem o futuro, nem as potestades, nem a altura, nem a profundidade, nem qualquer outra criatura poderá separar-nos do amor de Deus, que está em Cristo Jesus, nosso Senhor" (Rm 8,38-39). Se existe este amor absoluto com a sua certeza absoluta, então – e somente então – o homem está "redimido", independentemente do que lhe possa acontecer naquela circunstância. É isto o que se entende, quando afirmamos: Jesus Cristo "redimiu-nos". Através dele tornamo-nos seguros de Deus – de um Deus que não constitui uma remota "causa primeira" do mundo, porque o seu Filho unigênito fez-se homem e dele pode cada um dizer: "Vivo na fé do Filho de Deus, que me amou e se entregou a si mesmo por mim" (Gl 2,20).

27. Nesse sentido, é verdade que quem não conhece a Deus, mesmo podendo ter muitas esperanças,

no fundo está sem esperança, sem a grande esperança que sustenta toda a vida (cf. Ef 2,12). A verdadeira e grande esperança do homem, que resiste apesar de todas as desilusões, só pode ser Deus – o Deus que nos amou, e ama ainda agora "até o fim", "até a plena consumação" (cf. Jo 13,1 e 19,30). Quem é atingido pelo amor começa a intuir em que consistiria propriamente a "vida". Começa a intuir o significado da palavra de esperança que encontramos no rito do Batismo: da fé espero a "vida eterna" – a vida verdadeira que, inteiramente e sem ameaças, em toda a sua plenitude é simplesmente vida. Jesus, que disse de si mesmo ter vindo ao mundo para que tenhamos a vida e a tenhamos em plenitude, em abundância (cf. Jo 10,10), também nos explicou o que significa "vida": "A vida eterna consiste nisto: que te conheçam a ti, por único Deus verdadeiro, e a Jesus Cristo, a quem enviaste" (Jo 17,3). A vida, no verdadeiro sentido, não se possui em si própria sozinho, nem mesmo por si só: aquela é uma relação. E a vida na sua totalidade é relação com aquele que é a fonte da vida. Se estivermos em relação com aquele que não morre, que é a própria vida e o próprio amor, então estamos na vida. Então, "vivemos".

28. Surge agora, porém, a questão: não será que, dessa maneira, caímos de novo no individualismo da salvação? Na esperança só para mim, que, aliás, não é uma esperança verdadeira, porque esquece e descuida

os outros? Não. A relação com Deus estabelece-se através da comunhão com Jesus – sozinhos e apenas com as nossas possibilidades não o conseguimos. Mas a relação com Jesus é uma relação com aquele que se entregou a si próprio em resgate por todos nós (cf. 1Tm 2,6). O fato de estarmos em comunhão com Jesus Cristo implica-nos no seu ser "para todos", fazendo disso o nosso modo de ser. Ele compromete-nos a ser para os outros, mas só na comunhão com ele é que se torna possível sermos verdadeiramente para os outros, para a comunidade. Neste contexto, queria citar o grande doutor grego da Igreja, São Máximo, o Confessor († 662), o qual começa por exortar a não antepor nada ao conhecimento e ao amor de Deus, mas depois passa imediatamente a aplicações muito práticas: "Quem ama a Deus não pode reservar o dinheiro para si próprio. Distribui-o de modo 'divino' [...] do mesmo modo segundo a medida da justiça".[19] Do amor para com Deus consegue a participação na justiça e na bondade de Deus para com os outros; amar a Deus requer a liberdade interior diante de cada bem possuído e de todas as coisas materiais: o amor de Deus revela-se na responsabilidade pelo outro.[20] A mesma conexão entre amor de Deus e responsabilidade pelos homens podemos observá-la com comoção na vida de Santo Agostinho.

---

[19] *Capítulos sobre a caridade, Centúria* 1, cap. 1: *PG* 90, 965.

[20] Cf. ibid., *PG* 90, 962-966.

Depois da sua conversão à fé cristã, ele, juntamente com alguns amigos possuídos pelos mesmos ideais, queria levar uma vida dedicada totalmente à palavra de Deus e às realidades eternas. Pretendia realizar com valores cristãos o ideal da vida contemplativa expressa pela grande filosofia grega, escolhendo deste modo "a melhor parte" (cf. Lc 10,42). Mas as coisas foram de outro modo. Ele participava na missa dominical, na cidade portuária de Hipona, quando foi chamado pelo bispo do meio da multidão e instado a deixar-se ordenar para exercer o ministério sacerdotal naquela cidade. Olhando retrospectivamente para aquela hora, escreve nas suas *Confissões*: "Aterrorizado com os meus pecados e com o peso da minha miséria, tinha resolvido e meditado, em meu coração, o projeto de fugir para o ermo. Mas vós mo impedistes e me fortalecestes dizendo: 'Cristo morreu por todos, para que os viventes não vivam para si, mas para aquele que morreu por todos' (cf. 2Cor 5,15)".[21] Cristo morreu por todos. Viver para ele significa deixar-se envolver no seu "ser para".

29. Para Agostinho, isto significou uma vida totalmente nova. Assim ele descreveu uma vez o seu dia-a-dia: "Corrigir os indisciplinados, confortar os pusilânimes, amparar os fracos, refutar os opositores, precaver-se dos maliciosos, instruir os ignorantes, es-

---

[21] *Conf.* X. 43, 70: *CSEL* 33,279.

timular os negligentes, frear os provocadores, moderar os ambiciosos, encorajar os desanimados, pacificar os litigiosos, ajudar os necessitados, libertar os oprimidos, demonstrar aprovação aos bons, tolerar o maus e [ai de mim!] amar a todos".[22] "É o Evangelho que me assusta"[23] – aquele susto salutar que nos impede de viver para nós mesmos e que nos impele a transmitir a nossa esperança comum. De fato, era esta precisamente a intenção de Agostinho: na difícil situação do Império Romano, que ameaçava também a África romana e – no final da vida de Agostinho – até a destruiu, transmite esperança, a esperança que lhe vinha da fé e que, contrariamente ao seu temperamento introvertido, o tornou capaz de participar decididamente e com todas as forças na edificação da cidade. No mesmo capítulo das *Confissões*, em que acabamos de ver o motivo decisivo do seu empenho "por todos", diz ele: Cristo "intercede por nós. Doutro modo desesperaria, pois são muitas e grandes as minhas fraquezas! Sim, são muito pesadas, mas maior é o poder da vossa medicina. Poderíamos pensar que a vossa Palavra se tinha afastado da união com o homem e desesperado de nos salvar, se não se tivesse feito homem e habitado entre nós".[24] Em virtude da sua esperança, Agostinho

---

[22] *Sermo* 340, 3: *PL* 38, 1484; cf. F. Van der Meer, Augustinus der Seelsorger (1951), 318.

[23] *Sermo* 339, 4: *PL* 38, 1481.

[24] *Conf.* X, 43,69: *CSEL* 33, 279.

prodigalizou-se pelas pessoas simples e pela sua cidade – renunciou à sua nobreza espiritual e pregou e agiu de modo simples para a gente simples.

30. Façamos um resumo daquilo que emergiu no desenrolar das nossas reflexões. O homem, na sucessão dos dias, tem muitas esperanças – menores ou maiores – distintas nos diversos períodos da sua vida. Às vezes pode parecer que uma destas esperanças o satisfaça totalmente, sem ter necessidade de outras. Na juventude, pode ser a esperança do grande e fagueiro amor; a esperança de certa posição na profissão, deste ou daquele sucesso determinante para o resto da vida. Mas quando estas esperanças se realizam, resulta com clareza que, na realidade, isso não era a totalidade. Torna-se evidente que o homem necessita de uma esperança que vá mais além. Vê-se que só algo de infinito lhe pode bastar, algo que será sempre mais do que aquilo que ele alguma vez possa alcançar. Nesse sentido, a época moderna desenvolveu a esperança da instauração de um mundo perfeito que, graças aos conhecimentos da ciência e a uma política cientificamente fundada, parecia tornar-se realizável. Assim, a esperança bíblica do reino de Deus foi substituída pela esperança do reino do homem, pela esperança de um mundo melhor que seria o verdadeiro "reino de Deus". Esta parecia finalmente a esperança grande e realista de que o homem necessita. Estava em condições de mobilizar – por certo tempo – todas

as energias do homem; o grande objetivo parecia merecedor de todo esforço. Mas, com o passar do tempo, fica claro que esta esperança escapa sempre para mais longe. Primeiro deram-se conta de que esta era talvez uma esperança para os homens de amanhã, mas não uma esperança para mim. E, embora o elemento "para todos" faça parte da grande esperança – com efeito, não posso ser feliz contra e sem os demais –, o certo é que uma esperança que não diga respeito a mim pessoalmente não é nem sequer uma verdadeira esperança. E tornou-se evidente que esta era uma esperança contra a liberdade, porque a situação das realidades humanas depende, em cada geração, novamente da livre decisão dos homens que dela fazem parte. Se esta liberdade, por causa das condições e das estruturas, lhes fosse tolhida, o mundo, em última análise, não seria bom, porque um mundo sem liberdade não é de forma alguma um mundo bom. Desse modo, apesar de ser necessário um contínuo esforço pela melhoria do mundo, o mundo melhor de amanhã não pode ser o conteúdo próprio e suficiente da nossa esperança. E, sempre a este respeito, pergunta-se: quando o mundo é "melhor"? O que o torna bom? Com qual critério se pode avaliar o seu ser bom? E por quais caminhos se pode alcançar esta "bondade"?

31. Mais ainda: precisamos das esperanças – menores ou maiores – que, dia após dia, nos mantêm a caminho. Mas, sem a grande esperança que deve superar todo o resto, aquelas não bastam. Esta grande

esperança só pode ser Deus, que abraça o universo e nos pode propor e dar aquilo que, sozinhos, não podemos conseguir. Precisamente o ser gratificado com um dom faz parte da esperança. Deus é o fundamento da esperança – não um deus qualquer, mas aquele Deus que possui um rosto humano e que nos amou até o fim: cada indivíduo e a humanidade no seu conjunto. O seu reino não é um além imaginário, colocado num futuro que nunca mais chega; o seu reino está presente onde ele é amado e onde o seu amor nos alcança. Somente o seu amor nos dá a possibilidade de perseverar com toda a sobriedade dia após dia, sem perder o ardor da esperança, num mundo que, por sua natureza, é imperfeito. E, ao mesmo tempo, o seu amor é para nós a garantia de que existe aquilo que intuímos só vagamente e, contudo, no íntimo esperamos: a vida que é "verdadeiramente" vida. Procuremos concretizar ainda mais esta idéia na última parte, dirigindo nossa atenção para alguns "lugares" de aprendizagem prática e de exercício da esperança.

"Lugares" de aprendizagem e de exercício da esperança

I. A oração como escola da esperança

32. Primeiro e essencial lugar de aprendizagem da esperança é a oração. Quando já ninguém mais me escuta, Deus ainda me ouve. Quando já não posso falar

com ninguém, nem invocar mais ninguém, a Deus sempre posso falar. Se não há mais ninguém que me possa ajudar – por tratar-se de uma necessidade ou de uma expectativa que supera a capacidade humana de esperar – ele pode ajudar-me.[25] Se me encontro confinado numa extrema solidão... o orante jamais está totalmente só. Sobre os seus treze anos de prisão, nove dos quais em isolamento, o inesquecível Cardeal Nguyên Van Thuân deixou-nos um livrinho precioso: *O caminho da esperança*. Durante treze anos de prisão, numa situação de desespero aparentemente total, a escuta de Deus, o poder falar-lhe, tornou-se para ele uma força crescente de esperança, que, depois da sua libertação, lhe permitiu ser para os homens em todo o mundo uma testemunha da esperança, daquela grande esperança que não declina, mesmo nas noites da solidão.

33. De forma muito bela, Agostinho ilustrou a relação íntima entre oração e esperança numa homilia sobre a Primeira Carta de João. Ele define a oração como um exercício do desejo. O homem foi criado para uma realidade grande, ou seja, para o próprio Deus, para ser preenchido por ele. Mas, o seu coração é demasiado estreito para a grande realidade que lhe está destinada. Tem de ser dilatado. "Assim procede Deus: diferindo a sua promessa, faz aumentar o desejo;

---

[25] Cf. *Catecismo da Igreja Católica*, n. 2657.

e, com o desejo, dilata a alma, tornando-a mais apta a receber os seus dons." Aqui Agostinho pensa em São Paulo que, de si mesmo, afirma viver inclinado para as coisas que hão de vir (Fl 3,13). Depois usa uma imagem muito bela para descrever este processo de dilatação e preparação do coração humano. "Supõe que Deus queira encher-te de mel (símbolo da ternura de Deus e da sua bondade). Se tu, porém, estás cheio de vinagre, onde vais pôr o mel?" O vaso, ou seja, o coração, deve primeiro ser dilatado e depois limpo: livre do vinagre e do seu sabor. Isto requer trabalho, faz sofrer, mas só assim se realiza o ajustamento àquilo para que somos destinados.[26] Apesar de Agostinho falar diretamente só da receptividade para Deus, resulta claro, no entanto, que o homem, neste esforço com que se livra do vinagre e do seu sabor amargo, não se torna livre só para Deus, mas abre-se também para os outros. De fato, só tornando-nos filhos de Deus é que podemos estar com o nosso Pai comum. Orar não significa sair da história e retirar-se para o canto privado da própria felicidade. O modo correto de rezar é um processo de purificação interior que nos torna aptos para Deus e, precisamente desta forma, aptos também para os homens. Na oração, o homem deve aprender o que verdadeiramente pode pedir a Deus, o que é digno de Deus. Deve aprender que não pode rezar contra o outro. Deve aprender que

---

[26] Cf. *In 1 Joannis* 4,6: *PL* 35, 2008 ss.

não pode pedir as coisas superficiais e cômodas que de momento deseja – a pequena esperança equivocada que o leva para longe de Deus. Deve purificar os seus desejos e as suas esperanças. Deve livrar-se das mentiras secretas com que se engana a si próprio: Deus perscruta-as, e o contato com Deus obriga o homem a reconhecê-las também. "Quem poderá discernir todos os erros? Purificai-me das faltas escondidas", reza o salmista (Sl 19[18],13). O não-reconhecimento da culpa, a ilusão de inocência não me justifica nem me salva, porque o entorpecimento da consciência, a incapacidade de reconhecer em mim o mal enquanto tal é culpa minha. Se Deus não existe, talvez me deva refugiar em tais mentiras, porque não há ninguém que me possa perdoar, ninguém que seja a medida verdadeira. Pelo contrário, o encontro com Deus desperta a minha consciência, para que deixe de fornecer-me uma autojustificação, cesse de ser um reflexo de mim mesmo e dos contemporâneos que me condicionam, mas se torne capacidade de escuta do mesmo Bem.

34. Para que a oração desenvolva esta força purificadora, deve, por um lado, ser muito pessoal, um confronto do meu eu com Deus, com o Deus vivo; mas, por outro, deve ser incessantemente guiada e iluminada pelas grandes orações da Igreja e dos santos, pela oração litúrgica, na qual o Senhor nos ensina continuamente a rezar de modo justo. O Cardeal Nyugên Van

Thuân contou no seu livro de exercícios espirituais como na sua vida tinha havido longos períodos de incapacidade para rezar, e como ele se tinha agarrado às palavras de oração da Igreja: ao Pai-Nosso, à Ave Maria e às orações da Liturgia.[27] Na oração, deve haver sempre este entrelaçamento de oração pública e oração pessoal. Assim podemos falar a Deus, assim Deus fala a nós. Desse modo, realizam-se em nós as purificações, mediante as quais nos tornamos capazes de Deus e idôneos ao serviço dos homens. Assim tornamo-nos capazes da grande esperança e ministros da esperança para os outros: a esperança em sentido cristão é sempre esperança também para os outros. E é esperança ativa, que nos faz lutar para que as coisas não caminhem para o "fim perverso". É esperança ativa precisamente também no sentido de mantermos o mundo aberto para Deus. Somente assim, ela permanece também uma esperança verdadeiramente humana.

II. Agir e sofrer como lugares de aprendizagem da esperança

35. Toda ação séria e reta do homem é esperança em ato. É-o antes de tudo no sentido de que assim procuramos concretizar as nossas esperanças menores ou maiores: resolver este ou aquele assunto que é importante, para prosseguir na caminhada da vida; com

---

[27] *Testemunhas da esperança*, Città Nuova, 2000, 156 ss.

o nosso empenho contribuir a fim de que o mundo se torne um pouco mais luminoso e humano, e assim se abram também as portas para o futuro. Mas o esforço cotidiano pela continuação da nossa vida e pelo futuro da comunidade cansa-nos ou transforma-se em fanatismo, se não nos iluminar a luz daquela grande esperança que não pode ser destruída nem mesmo pelos pequenos fracassos nem pela falência em vicissitudes de alcance histórico. Se não podemos esperar mais do que é realmente alcançável de cada vez e de quanto nos seja possível oferecerem as autoridades políticas e econômicas, a nossa vida arrisca-se a ficar bem depressa sem esperança. É importante saber: eu posso sempre continuar a esperar, ainda que, pela minha vida ou pelo momento histórico que estou a viver, aparentemente não tenha mais qualquer motivo para esperar. Só a grande esperança-certeza de que, não obstante todos os fracassos, a minha vida pessoal e a história no seu conjunto estão conservadas no poder indestrutível do Amor e, graças a isso e por isso, possuem sentido e importância, só uma tal esperança pode, naquele caso, dar ainda a coragem de agir e de continuar. Certamente, não podemos "construir" o Reino de Deus com as nossas forças; o que construímos permanece sempre reino do homem com todos os limites próprios da natureza humana. O Reino de Deus é um dom, e por isso mesmo é grande e belo, constituindo a resposta à esperança. Nem podemos – para usar a terminologia clássica – "merecer" o céu com as nossas obras. Este é sempre mais do que aquilo que merecemos, tal como o ser amados nunca é algo "merecido", mas um dom. Porém, com toda a nossa consciência da "mais-valia" do céu, permanece igualmente verdade que o nosso agir não é indiferente diante de Deus e, portanto, também não o é para o desenrolar da história. Podemos abrir--nos a nós mesmos e ao mundo ao ingresso de Deus: da verdade, do amor e do bem. É o que fizeram os santos que, como "colaboradores de Deus", contribuíram para a salvação do mundo (cf. 1Cor 3,9; 1Ts 3,2). Temos a possibilidade de livrar a nossa vida e o mundo dos venenos e contaminações que poderiam destruir o presente e o futuro. Podemos descobrir e manter limpas as fontes da criação e assim, juntamente com a criação que nos precede como dom recebido, fazer o que é justo conforme as suas intrínsecas exigências e a sua finalidade. Isto conserva um sentido, mesmo quando, aparentemente, não temos sucesso ou parecemos impotentes face à hegemonia de forças hostis. Assim, por um lado, da nossa ação nasce esperança para nós e para os outros; mas, ao mesmo tempo, é a grande esperança apoiada nas promessas de Deus que, tanto nos momentos bons como nos maus, nos dá coragem e orienta o nosso agir.

36. Tal como o agir, também o sofrimento faz parte da existência humana. Este deriva, por um lado,

da nossa finitude e, por outro, do volume de culpa que se acumulou ao longo da história e, mesmo atualmente, cresce de modo irreprimível. Certamente é preciso fazer todo o possível para diminuir o sofrimento: impedir, na medida do possível, o sofrimento dos inocentes; amenizar as dores; ajudar a superar os sofrimentos psíquicos. Todos estes são deveres tanto da justiça como da caridade, que se inserem nas exigências fundamentais da existência cristã e de cada vida verdadeiramente humana. Na luta contra a dor física conseguiu-se realizar grandes progressos; mas o sofrimento dos inocentes e inclusive os sofrimentos psíquicos aumentaram durante os últimos decênios. Devemos – é verdade – fazer tudo para superar o sofrimento, mas eliminá-lo completamente do mundo não entra nas nossas possibilidades, simplesmente porque não podemos desfazer-nos da nossa finitude e porque nenhum de nós é capaz de eliminar o poder do mal, da culpa que – como constatamos – é fonte contínua de sofrimento. Isto só Deus o poderia fazer: só um Deus que pessoalmente entra na história, fazendo-se homem e sofre nela. Nós sabemos que este Deus existe e que por isso este poder que "tira os pecados do mundo" (Jo 1,29) está presente no mundo. Com a fé na existência deste poder, surgiu na história a esperança da cura do mundo. Mas trata-se precisamente de esperança, e não ainda de cumprimento; esperança que nos dá a coragem de nos colocarmos da parte do bem, inclusive onde a realidade parece sem esperança, cientes de que, olhando o desenrolar da história tal como nos aparece exteriormente, o poder da culpa vai continuar uma presença terrível ainda no futuro.

37. Voltemos ao nosso tema. Podemos procurar limitar o sofrimento e lutar contra ele, mas não podemos eliminá-lo. Precisamente onde os homens, na tentativa de evitar qualquer sofrimento, procuram esquivar-se de tudo o que poderia significar padecimento, onde querem evitar a canseira e o sofrimento por causa da verdade, do amor, do bem, descambam numa vida vazia, na qual provavelmente já quase não existe a dor, mas experimenta-se muito mais a obscura sensação da falta de sentido e da solidão. Não é o evitar o sofrimento, a fuga diante da dor, que cura o homem, mas a capacidade de aceitar a tribulação e nela amadurecer, de encontrar o seu sentido através da união com Cristo, que sofreu com infinito amor. Neste contexto, desejo citar algumas frases de uma carta do mártir vietnamita Pablo Le Bao Tinh (†1857), na qual é clara esta transformação do sofrimento mediante a força da esperança que provém da fé. "Eu, Paulo, prisioneiro pelo nome de Cristo, quero falar-vos das tribulações que suporto cada dia, para que, inflamados no amor de Deus, comigo louveis o Senhor, *porque é eterna a sua misericórdia* (Sl 136[135]). Este cárcere é realmente a imagem do inferno eterno: além de suplícios de todo

gênero, tais como algemas, grilhões, cadeias de ferro, tenho de suportar o ódio, agressões, calúnias, palavras indecorosas, repreensões, maldades, juramentos falsos, e, além disso, as angústias e a tristeza. Mas Deus, que outrora libertou os três jovens da fornalha ardente, está sempre comigo e libertou-me destas tribulações, convertendo-as em suave doçura, porque é eterna a sua misericórdia. Imerso nestes tormentos, que costumam aterrorizar os outros, pela graça de Deus, sinto-me alegre e contente, porque não estou só, mas estou com Cristo. [...] Como posso eu suportar este espetáculo, ao ver todos os dias os imperadores, mandarins e seus guardas blasfemar o vosso santo nome, Senhor, que estais sentado sobre os querubins (cf. Sl 80[79],2) e os serafins? Vede como a vossa cruz é calcada aos pés dos pagãos! Onde está a vossa glória? Ao ver tudo isto, sinto inflamar-se o meu coração no vosso amor e prefiro ser dilacerado e morrer em testemunho da vossa infinita bondade. Mostrai, Senhor, o vosso poder, salvai-me e amparai-me, para que na minha fraqueza se manifeste a vossa força e seja glorificada diante dos gentios [...] Ouvindo tudo isto, caríssimos irmãos, tende coragem e alegrai-vos, dai graças eternamente a Deus, de quem procedem todos os bens, bendizei comigo ao Senhor, porque é eterna a sua misericórdia [...] Escrevo todas estas coisas, para que estejam unidas a vossa e a minha fé. No meio da tempestade, lanço a âncora que me permitirá subir até ao trono de Deus: a esperança viva que está no meu coração".[28] Esta é uma carta do "inferno". Nela se mostra todo o horror de um campo de concentração, onde aos tormentos infligidos pelos tiranos se vem juntar o desencadeamento do mal nas mesmas vítimas que, deste modo, se tornam novos instrumentos da crueldade dos algozes. É uma carta do inferno, mas nela tem cumprimento a palavra do Salmo: "Se subir aos céus, lá vos encontro, se descer aos infernos, igualmente. [...] Se eu disser: 'ao menos as trevas me cobrirão', [...] nem sequer as trevas serão bastante escuras para vós, e a noite será clara como o dia, tanto faz a luz como as trevas" (Sl 139(138),8-12; cf. também Sl 23(22),4). Cristo desceu aos "infernos" ficando assim perto de quem é nele lançado, transformando para ele as trevas em luz. O sofrimento, os tormentos continuam terríveis e quase insuportáveis. Surgiu, porém, a estrela da esperança, a âncora do coração chega até o trono de Deus. Não se desencadeia o mal no homem, mas vence a luz: o sofrimento – sem deixar de o ser – torna-se, apesar de tudo, canto de louvor.

38. A grandeza da humanidade determina-se essencialmente na relação com o sofrimento e com quem sofre. Isto vale tanto para o indivíduo como para a sociedade. Uma sociedade que não consegue aceitar os que sofrem e não é capaz de contribuir, mediante a

---

[28] Breviário Romano, Ofício das Leituras, 24 de novembro.

compaixão, para fazer com que o sofrimento seja compartilhado e assumido mesmo interiormente, é uma sociedade cruel e desumana. A sociedade, porém, não pode aceitar os que sofrem e apoiá-los no seu sofrimento, se os próprios indivíduos não são capazes disso mesmo; e, por outro lado, o indivíduo não pode aceitar o sofrimento do outro se ele pessoalmente não consegue encontrar no sofrimento um sentido, um caminho de purificação e de amadurecimento, um caminho de esperança. Aceitar o outro que sofre significa, de fato, assumir de alguma forma o seu sofrimento, de tal modo que este se torna também meu. Mas, precisamente porque agora se tornou sofrimento compartilhado, no qual há a presença do outro, este sofrimento é penetrado pela luz do amor. A palavra latina *con-solatio*, consolação, exprime isto mesmo de forma muito bela sugerindo um estar-com na solidão, que então deixa de ser solidão. Mas, a capacidade de aceitar o sofrimento por amor do bem, da verdade e da justiça é também constitutiva da grandeza da humanidade, porque se, em definitiva, o meu bem-estar, a minha incolumidade é mais importante do que a verdade e a justiça, então vigora o domínio do mais forte; então reinam a violência e a mentira. A verdade e a justiça devem estar acima da minha comodidade e incolumidade física, senão a minha própria vida torna-se uma mentira. E, por fim, também o "sim" ao amor é fonte de sofrimento, porque o amor exige sempre expropriações do meu eu, nas quais me deixo podar e ferir. O amor não pode de modo algum existir sem esta renúncia mesmo dolorosa a mim mesmo, senão torna-se puro egoísmo, anulando-se deste modo a si próprio enquanto tal.

39. Sofrer com o outro, pelos outros; sofrer por amor da verdade e da justiça; sofrer por causa do amor e para se tornar uma pessoa que ama verdadeiramente: estes são elementos fundamentais de humanidade, o seu abandono destruiria o mesmo homem. Entretanto, levanta-se uma vez mais a questão: somos capazes disto? O outro é suficientemente importante, para que por ele eu me torne uma pessoa que sofre? Para mim, a verdade é tão importante que compensa o sofrimento? A promessa do amor é assim tão grande que justifique o dom de mim mesmo? Na história da humanidade, cabe à fé cristã precisamente o mérito de ter suscitado no homem, de maneira nova e a uma nova profundidade, a capacidade dos referidos modos de sofrer que são decisivos para a sua humanidade. A fé cristã mostrou-nos que verdade, justiça e amor não são simplesmente ideais, mas realidades de imensa densidade. Com efeito, mostrou-nos que Deus – a Verdade e o Amor em pessoa – quis sofrer por nós e conosco. Bernardo de Claraval cunhou esta frase maravilhosa: *Impassibilis est Deus, sed non incompassibilis* [29] – "Deus não pode padecer,

---

[29] *Sermones in Cant.*, *Serm.* 26,5: *PL* 183, 906.

mas pode se compadecer". O homem tem para Deus um valor tão grande que ele mesmo se fez homem para poder padecer com o homem, de modo muito real, na carne e no sangue, como nos é demonstrado na narração da Paixão de Jesus. A partir de lá entrou em todo sofrimento humano alguém que partilha o sofrimento e a sua suportação; a partir de lá se propaga em todo sofrimento a *con-solatio*, a consolação do amor solidário de Deus, surgindo assim a estrela da esperança. Certamente, nos nossos inúmeros sofrimentos e provas sempre temos necessidade também das nossas pequenas ou grandes esperanças – de uma visita amiga, da cura das feridas internas e externas, da solução positiva de uma crise etc. Nas provações menores, estes tipos de esperança podem mesmo ser suficientes. Mas, nas provações verdadeiramente graves, quando tenho de assumir a decisão definitiva de antepor a verdade ao bem-estar, à carreira e à propriedade, a certeza da verdadeira grande esperança, de que falamos, faz-se necessária. Para isto, precisamos também de testemunhas, de mártires, que se entregaram totalmente, para que no-lo manifestem, dia após dia. Temos necessidade deles para preferirmos, mesmo nas pequenas alternativas do dia-a-dia, o bem à comodidade, sabendo que precisamente assim vivemos a vida de verdade. Digamo-lo uma vez mais: a capacidade de sofrer por amor da verdade é medida de humanidade. No entanto, esta capacidade de sofrer depende do gênero e da grandeza da esperança que trazemos dentro de nós e sobre a qual construímos. Os santos puderam percorrer o grande caminho do ser-homem no modo como Cristo o percorreu antes de nós, porque estavam repletos da grande esperança.

40. Gostaria de acrescentar ainda uma pequena observação, não sem importância para os acontecimentos de todos os dias. Fazia parte de uma forma de devoção – talvez menos praticada hoje, mas não ainda há muito tempo era bastante difundida – a idéia de poder "oferecer" as pequenas canseiras da vida cotidiana, que nos ferem com freqüência como alfinetadas mais ou menos incômodas, dando-lhes assim um sentido. Nesta devoção, houve sem dúvida coisas exageradas e talvez mesmo estranhas, mas é preciso interrogar-se se não havia de algum modo contido nela algo de essencial que poderia servir de ajuda. O que significa "oferecer"? Estas pessoas estavam convencidas de poderem inserir no grande compadecer de Cristo as suas pequenas canseiras, que entravam assim, de algum modo, a fazer parte do tesouro de compaixão de que o gênero humano necessita. Deste modo, também as mesmas pequenas moléstias do dia-a-dia poderiam adquirir um sentido e contribuir para a economia do bem, do amor entre os homens. Deveríamos talvez interrogar-nos se verdadeiramente isto não poderia voltar a ser uma perspectiva sensata também para nós.

III. O Juízo como lugar de aprendizagem e de exercício da esperança

41. No grande *Credo* da Igreja, a parte central – que trata do mistério de Cristo a partir da sua geração eterna no Pai e do nascimento temporal da Virgem Maria, passando pela cruz e a ressurreição até ao seu retorno – conclui com as palavras: "[...] de novo há de vir em sua glória, para julgar os vivos e os mortos". Já desde os primeiros tempos, a perspectiva do Juízo influenciou os cristãos até na sua própria vida cotidiana enquanto critério segundo o qual ordenar a vida presente, enquanto apelo à sua consciência e, ao mesmo tempo, enquanto esperança na justiça de Deus. A fé em Cristo nunca se limitou a olhar só para trás nem só para o alto, mas olhou sempre também para frente, para a hora da justiça que o Senhor repetidas vezes preanunciara. Este olhar para diante conferiu ao cristianismo a sua importância para o presente. Na configuração dos edifícios sacros cristãos, que queriam tornar visível a vastidão histórica e cósmica da fé em Cristo, tornou-se habitual representar, no lado oriental, o Senhor que volta como rei – a imagem da esperança –, e no lado ocidental, o Juízo final como imagem da responsabilidade pela nossa vida, uma representação que apontava e acompanhava precisamente os fiéis na sua caminhada diária. Na evolução da iconografia, porém, foi-se dando cada vez mais relevo ao aspecto ameaçador e lúgubre

do Juízo, que obviamente fascinava os artistas mais do que do esplendor da esperança que acabava, com freqüência, excessivamente escondido por debaixo da ameaça.

42. Na época moderna, o pensamento do Juízo final diluiu-se: a fé cristã é caracterizada e orientada, sobretudo, para a salvação pessoal da alma; ao contrário, a reflexão sobre a história universal está em grande parte dominada pela idéia do progresso. Todavia, o conteúdo fundamental da expectativa do Juízo não desapareceu pura e simplesmente. Agora, porém, assume uma forma totalmente distinta. O ateísmo dos séculos XIX e XX é, de acordo com as suas raízes e finalidade, um moralismo: um protesto contra as injustiças do mundo e da história universal. Um mundo onde exista uma tal dimensão de injustiça, de sofrimento dos inocentes e de cinismo do poder, não pode ser obra de um Deus bom. O Deus que tivesse a responsabilidade de um mundo assim não seria um Deus justo e menos ainda um Deus bom. É em nome da moral que é preciso contestar este Deus. Visto que não há um Deus que cria justiça, parece que o próprio homem seja agora chamado a estabelecer a justiça. Se diante do sofrimento deste mundo o protesto contra Deus é compreensível, a pretensão de a humanidade poder e dever fazer aquilo que nenhum Deus faz nem é capaz de fazer, é presunçosa e intrinsecamente não

verdadeira. Não é por acaso que desta premissa tenham resultado as maiores crueldades e violações da justiça, mas funda-se na falsidade intrínseca desta pretensão. Um mundo que deve criar a justiça por sua conta é um mundo sem esperança. Nada e ninguém responde pelo sofrimento dos séculos. Nada e ninguém garante que o cinismo do poder – independentemente do revestimento ideológico sedutor com que se apresente – não continue a imperar no mundo. Foi assim que os grandes pensadores da escola de Frankfurt, Max Horkheimer e Theodor W. Adorno, criticaram tanto o ateísmo como o teísmo. Horkheimer excluiu radicalmente que se possa encontrar qualquer substitutivo imanente para Deus, rejeitando, porém, ao mesmo tempo, a imagem do Deus bom e justo. Numa radicalização extrema da proibição de imagens no Antigo Testamento, ele fala da "nostalgia do totalmente Outro" que permanece inacessível – um grito do desejo dirigido à história universal. Adorno também se ateve decididamente a esta renúncia de toda imagem, que exclui, precisamente, também a "imagem" do Deus que ama. Mas ele sempre sublinhou esta dialética "negativa", afirmando que a justiça, uma verdadeira justiça, requereria um mundo "onde não só fosse anulado o sofrimento presente, mas também revogado o que passou irrevogavelmente".[30] Isto, porém,

---

[30] *Negative Dialektik* (1966), terceira parte, III, 11, em: Gesammelte Schriften, Vol. VI, Frankfurt/Main, 1973, 395.

significaria – expresso em símbolos positivos e, portanto, para ele inadequados – que não pode haver justiça sem ressurreição dos mortos e, concretamente, sem a sua ressurreição corporal. Todavia, uma tal perspectiva comportaria "a ressurreição da carne, um dado que para o idealismo, para o reino do espírito absoluto, é totalmente estranho".[31]

43. Da rigorosa renúncia a qualquer imagem, que faz parte do primeiro Mandamento de Deus (cf. Ex 20,4), também o cristão pode e deve aprender sempre de novo. A verdade da teologia negativa foi evidenciada pelo IV Concílio de Latrão, ao declarar explicitamente que, por maior que seja a semelhança verificada entre o Criador e a criatura, sempre maior é a diferença entre ambos.[32] Para o crente, no entanto, a renúncia a qualquer imagem não pode ir até o ponto em que se devia deter, como gostariam Horkheimer e Adorno, no "não" a ambas as teses: ao teísmo e ao ateísmo. O mesmo Deus fez-se uma "imagem": em Cristo que se fez homem. Nele, o Crucificado, a negação de imagens erradas de Deus é levada ao extremo. Agora, Deus revela a sua face precisamente na figura do Servo sofredor que partilha a condição do homem abandonado por Deus, tomando-a sobre si. Este sofredor inocente tornou-se esperança-certeza: Deus existe, e Deus sabe

---

[31] Ibid., segunda parte, 207.

[32] DS 806.

criar a justiça num modo que nós não somos capazes de conceber mas que, pela fé, podemos intuir. Sim, existe a ressurreição da carne.[33] Existe uma justiça.[34] Existe a "revogação" do sofrimento passado, a reparação que restabelece o direito. Por isso, a fé no Juízo final é, primariamente, e, sobretudo, esperança – aquela esperança, cuja necessidade se tornou evidente justamente nas convulsões dos últimos séculos. Estou convencido de que a questão da justiça constitui o argumento essencial – em todo caso, o argumento mais forte – a favor da fé na vida eterna. A necessidade meramente individual de uma satisfação – que nos é negada nesta vida – da imortalidade do amor que anelamos, é certamente um motivo importante para crer que o homem seja feito para a eternidade; mas só em conexão com a impossibilidade de a injustiça da história ser a última palavra, é que se torna plenamente convincente a necessidade do retorno de Cristo e da nova vida.

44. O protesto contra Deus em nome da justiça não basta. Um mundo sem Deus é um mundo sem esperança (cf. Ef 2,12). Só Deus pode criar justiça. E a fé dá-nos a certeza: ele o faz. A imagem do Juízo final não é primariamente uma imagem aterradora, mas de esperança; a nosso ver, talvez mesmo a imagem decisiva da esperança. Mas não é porventura também

---

[33] Cf. *Catecismo da Igreja Católica*, nn. 988-1004.

[34] Cf. ibid., n. 1040.

uma imagem assustadora? Eu diria: é uma imagem que apela à responsabilidade. Portanto, uma imagem daquele susto acerca do qual, como diz Santo Hilário, que todo o nosso medo tem lugar no amor.[35] Deus é justiça e cria justiça. Tal é a nossa consolação e a nossa esperança. Mas, na sua justiça, ele é conjuntamente também graça. Isto podemos sabê-lo fixando o olhar em Cristo crucificado e ressuscitado. Ambas – justiça e graça – devem ser vistas na sua justa ligação interior. A graça não exclui a justiça. Não muda a injustiça em direito. Não é uma esponja que apaga tudo, de modo que tudo quanto se fez na terra termine por ter o mesmo valor. Contra um céu e uma graça deste tipo protestou com razão, por exemplo, Dostoievski, no seu romance *Os irmãos Karamazov.* No fim, no banquete eterno, não se sentarão à mesa indistintamente os malvados junto com as vítimas, como se nada tivesse acontecido. Aqui gostaria de citar um texto de Platão que exprime um pressentimento do justo juízo que, em boa parte, permanece verdadeiro e salutar também para o cristão. Embora com imagens mitológicas, mas que apresentam com uma evidência inequívoca a verdade, ele diz que, no fim, as almas estarão nuas diante do juiz. Agora já não importa o que eram outrora na história, mas só aquilo que são de verdade. "Agora [o juiz] tem diante de si talvez a alma de um [...] rei ou dominador, e nada

---

[35] Cf. *Tractatus super Psalmos, Sal* 127, 1-3: *CSEL* 24, 628-630.

vê de são nela. Encontra-a flagelada e cheia de cicatrizes resultantes de perjúrio e injustiça [...] e está tudo torto, cheio de mentira e orgulho, e nada está direito, porque ela cresceu sem verdade. E ele vê como a alma, por causa do arbítrio, exagero, arrogância e leviandade no agir, se encheu de emproamento e infâmia. Diante de um tal espetáculo, ele envia-a imediatamente para a prisão, onde padecerá os castigos merecidos [...]. Às vezes, porém, ele vê diante de si uma alma diferente, uma alma que levou uma vida piedosa e sincera [...], compraz-se com ela e manda-a sem dúvida para as ilhas dos bem-aventurados".[36] Jesus, na parábola do rico epulão e do pobre Lázaro (cf. Lc 16,19-31), apresentou, para a nossa advertência, a imagem de uma tal alma devastada pela arrogância e opulência, que criou, ela mesma, um fosso intransponível entre si e o pobre: o fosso do encerramento dentro dos prazeres materiais; o fosso do esquecimento do outro, da incapacidade de amar, que se transforma agora numa sede ardente e já irremediável. Devemos aqui destacar que Jesus, nesta parábola, não fala do destino definitivo depois do Juízo universal, mas retoma a concepção do judaísmo antigo de uma condição intermédia entre morte e ressurreição, um estado em que falta ainda a última sentença.

45. Esta idéia do judaísmo antigo da condição intermédia inclui a opinião de que as almas não se

---

[36] *Gorgia*, 525a-526c.

encontram simplesmente numa espécie de custódia provisória, mas já padecem um castigo, como demonstra a parábola do rico epulão, ou, ao contrário, gozam já de formas provisórias de bem-aventurança. E, por último, não falta a noção de que, neste estado, sejam possíveis também purificações e curas, que tornam a alma madura para a comunhão com Deus. A Igreja primitiva assumiu tais idéias, a partir das quais se desenvolveu aos poucos na Igreja ocidental a doutrina do purgatório. Não há necessidade de examinar aqui as complicadas vias históricas desta evolução; perguntemo-nos apenas de que se trata realmente. Com a morte, a opção de vida feita pelo homem torna-se definitiva; esta sua vida está diante do Juiz. A sua opção, que tomou forma ao longo de toda a vida, pode ter caracteres diversos. Pode haver pessoas que destruíram totalmente em si próprias o desejo da verdade e a disponibilidade para o amor; pessoas nas quais tudo se tornou mentira; pessoas que viveram para o ódio e espezinharam o amor em si mesmas. Trata-se de uma perspectiva terrível, mas algumas figuras da nossa mesma história deixam entrever, de forma assustadora, perfis deste gênero. Em tais indivíduos, não haveria nada de remediável, e a destruição do bem seria irrevogável: é já isto que se indica com a palavra *inferno*.[37] Por outro lado, podem existir pessoas puríssimas, que se deixaram penetrar inteiramente por

---

[37] Cf. *Catecismo da Igreja Católica*, nn. 1033-1037.

Deus e, conseqüentemente, estão totalmente abertas ao próximo – pessoas em quem a comunhão com Deus orienta desde já todo o seu ser e cuja chegada a Deus apenas leva a cumprimento aquilo que já são.[38]

46. Mas, segundo a nossa experiência, nem um nem outro são o caso normal da existência humana. Na maioria dos homens – como podemos supor – perdura no mais profundo da sua essência uma derradeira abertura interior para a verdade, para o amor, para Deus. Nas opções concretas da vida, porém, aquela é sepultada sob repetidos compromissos com o mal: muita sujeira cobre a pureza, da qual, contudo, permanece a sede e que, apesar de tudo, ressurge sempre de toda abjeção e continua presente na alma. O que acontece a tais indivíduos quando comparecem diante do Juiz? Será que todas as coisas imundas que acumularam na sua vida se tornarão, de repente, irrelevantes? Ou acontecerá algo de diverso? São Paulo, na Primeira Carta aos Coríntios, dá-nos uma idéia da distinta repercussão do juízo de Deus sobre o homem, conforme as suas condições. Ele o faz com imagens que, de alguma forma, querem exprimir o invisível, mas sem as podermos transformar em conceitos, pelo simples motivo de que não nos é possível entrever o mundo além da morte, nem possuímos qualquer experiência

---

[38] Cf. ibid., nn. 1023-1029.

dele. Acerca da existência cristã, Paulo afirma, antes de mais nada, que está construída sobre um fundamento comum: Jesus Cristo. Este fundamento resiste. Se nele permanecermos firmes e sobre ele construirmos a nossa vida, sabemos que este fundamento não nos pode ser tirado, nem mesmo na morte. E Paulo continua: "Se alguém edifica sobre este fundamento com ouro, prata, pedras preciosas, madeiras, feno ou palha, a obra de cada um ficará patente, pois o dia do Senhor a fará conhecer. Pelo fogo será revelada, e o fogo provará o que vale a obra de cada um. Se a obra construída subsistir, o construtor receberá a paga. Se a obra de alguém se queimar, sofrerá a perda. Ele, porém, será salvo, como que através do fogo" (1Cor 3,12-15). Seja como for, neste texto torna-se evidente que a salvação dos homens pode acontecer sob distintas formas: algumas coisas edificadas podem queimar completamente; para alcançar a salvação, é preciso atravessar pessoalmente o "fogo" para se tornar definitivamente capaz de Deus e poder sentar-se à mesa do banquete nupcial eterno.

47. Alguns teólogos recentes são do parecer de que o fogo que simultaneamente queima e salva é o próprio Cristo, o Juiz e Salvador. O encontro com ele é o ato decisivo do Juízo. Ante o seu olhar, funde-se toda a falsidade. É o encontro com ele que, queimando-nos, nos transforma e liberta para nos tornar verdadeiramente nós mesmos. As coisas edificadas durante a vida podem então revelar-se palha seca, pura fanfarronice e

desmoronar-se. Porém, na dor deste encontro, em que o impuro e o nocivo do nosso ser se tornam evidentes, está a salvação. O seu olhar, o toque do seu coração cura-nos através de uma transformação certamente dolorosa "como pelo fogo". Contudo, é uma dor feliz, em que o poder santo do seu amor nos penetra como chama, consentindo-nos no final de sermos totalmente nós mesmos e, por isso mesmo, totalmente de Deus. Deste modo, torna-se evidente também a compenetração entre justiça e graça: o nosso modo de viver não é irrelevante, mas a nossa sujeira não nos mancha para sempre, se ao menos continuarmos inclinados para Cristo, para a verdade e para o amor. No fim de contas, esta sujeira já foi queimada na Paixão de Cristo. No momento do Juízo, experimentamos e acolhemos este prevalecer do seu amor sobre todo o mal no mundo e em nós. A dor do amor torna-se a nossa salvação e a nossa alegria. É claro que a "duração" deste queimar que transforma, não a podemos calcular com as medidas de cronometragem deste mundo. O "momento" transformador deste encontro escapa à cronometragem terrena: é tempo do coração, tempo da "passagem" à comunhão com Deus no Corpo de Cristo. O Juízo de Deus é esperança quer porque é justiça, quer porque é graça. Se fosse somente graça que torna irrelevante tudo o que é terreno, Deus ficar-nos-ia devedor da resposta à pergunta acerca da justiça – pergunta que se nos apresenta decisiva diante da história e do mesmo Deus. E, se fosse pura justiça, o Juízo em definitivo poderia ser para todos nós só motivo de temor. A encarnação de Deus em Cristo uniu de tal modo um à outra, o juízo à graça, que a justiça ficou estabelecida com firmeza: todos nós cuidamos da nossa salvação "com temor e tremor" (Fl 2,12). Apesar de tudo, a graça permite-nos a todos nós esperar e caminhar cheios de confiança ao encontro do Juiz que conhecemos como nosso "advogado", *parakletos* (cf. 1Jo 2,1).[39]

48. Há ainda um motivo que deve ser mencionado aqui, porque é importante para a prática da esperança cristã. No antigo judaísmo, existe também a idéia de que se possa ajudar, através da oração, os defuntos no seu estado intermédio (cf., por exemplo, 2Mc 12,38-45: obra do século I a.C.). A prática correspondente foi adotada pelos cristãos com grande naturalidade e é comum à Igreja oriental e à ocidental. O Oriente não conhece um sofrimento purificador e expiatório das almas no "além", mas conhece diversos graus de bem-aventurança ou também de sofrimento na condição intermédia. Às almas dos defuntos, porém, pode ser dado "alívio e refrigério" mediante a Eucaristia, a oração e a esmola. O fato de que o amor possa chegar até o além, que seja possível um mútuo dar e receber, permanecendo ligados uns aos outros por vínculos de

---

[39] Acerca do purgatório, veja-se o *Catecismo da Igreja Católica*, nn. 1030-1032.

afeto para além das fronteiras da morte, constituiu uma convicção fundamental do cristianismo através de todos os séculos, e ainda hoje permanece uma experiência reconfortante. Quem não sentiria a necessidade de fazer chegar aos seus entes queridos, que já partiram para o além, um sinal de bondade, de gratidão ou mesmo de pedido de perdão? Aqui levantar-se-ia uma nova questão: se o "purgatório" consiste simplesmente em ser purificados pelo fogo no encontro com o Senhor, Juiz e Salvador, como pode então intervir uma terceira pessoa ainda que particularmente ligada à outra? Ao fazermos esta pergunta, deveremos dar-nos conta de que nenhum homem é uma mônada fechada em si mesma. As nossas vidas estão em profunda comunhão entre si; através de numerosas interações, estão concatenadas uma com a outra. Ninguém vive só. Ninguém peca sozinho. Ninguém se salva sozinho. Continuamente entra na minha existência a vida dos outros: naquilo que penso, digo, faço e realizo. E, vice-versa, a minha vida entra na dos outros: tanto para o mal como para o bem. Deste modo, a minha intercessão pelo outro não é de forma alguma uma coisa que lhe é estranha, uma coisa exterior, nem mesmo após a morte. Na trama do ser, o meu agradecimento a ele, a minha oração por ele pode significar uma pequena etapa da sua purificação. E, para isso, não é preciso converter o tempo terreno no tempo de Deus: na comunhão das almas fica superado o simples tempo terreno. Nunca é tarde demais para tocar o coração do outro, nem é jamais inútil. Assim se esclarece melhor um elemento importante do conceito cristão de esperança. A nossa esperança é sempre, essencialmente, também esperança para os outros; só assim é verdadeiramente esperança também para mim.[40] Como cristãos, não basta perguntarmonos: como posso salvar-me a mim mesmo? Deveremos antes perguntar-nos: o que posso fazer a fim de que os outros sejam salvos e nasça também para eles a estrela da esperança? Então terei feito também o máximo pela minha salvação pessoal.

Maria, estrela da esperança

49. Com um hino do século VIII/IX, portanto com mais de mil anos, a Igreja saúda Maria, a Mãe de Deus, como "estrela do mar": *Ave maris stella*. A vida humana é um caminho. Rumo a qual meta? Como achamos o itinerário a seguir? A vida é como uma viagem no mar da história, com freqüência enevoada e tempestuosa, uma viagem na qual perscrutamos os astros que nos indicam a rota. As verdadeiras estrelas da nossa vida são as pessoas que souberam viver com retidão. Elas são luzes de esperança. Certamente, Jesus Cristo é a luz por antonomásia, o sol erguido sobre todas as trevas da história. Mas, para chegar até ele precisa-

---

[40] Cf. *Catecismo da Igreja Católica*, n. 1032.

mos também de luzes vizinhas, de pessoas que dão luz recebida da luz dele e oferecem, assim, orientação para a nossa travessia. E quem mais do que Maria poderia ser para nós estrela de esperança? Ela que, pelo seu "sim", abriu ao próprio Deus a porta do nosso mundo; ela que se tornou a Arca da Aliança viva, onde Deus se fez carne, tornou-se um de nós e estabeleceu a sua tenda no meio de nós (cf. Jo 1,14).

50. Por isso, a ela nos dirigimos: Santa Maria, vós pertencíeis àquelas almas humildes e grandes de Israel que, como Simeão, esperavam "a consolação de Israel" (Lc 2,25) e, como Ana, aguardavam a "libertação de Jerusalém" (Lc 2,38). Vós vivíeis em íntimo contato com as Sagradas Escrituras de Israel, que falavam da esperança, da promessa feita a Abraão e à sua descendência (cf. Lc 1,55). Assim, compreendemos o santo temor que vos invadiu, quando o anjo do Senhor entrou nos vossos aposentos e vos disse que daríeis à luz àquele que era a esperança de Israel e o esperado do mundo. Por meio de vós, através do vosso "sim", a esperança dos milênios havia de se tornar realidade, entrar neste mundo e na sua história. Vós vos inclinastes diante da grandeza desta missão e dissestes "sim". "Eis a escrava do Senhor, faça-se em mim segundo a tua palavra" (Lc 1,38). Quando, cheia de santa alegria, atravessastes apressadamente os montes da Judéia para encontrar a vossa parente Isabel, tornastes-vos a imagem da futu-

ra Igreja, que no seu seio leva a esperança do mundo através dos montes da história. Mas, a par da alegria que difundistes pelos séculos, com as palavras e com o cântico do vosso *Magnificat*, conhecíeis também as obscuras afirmações dos profetas sobre o sofrimento do servo de Deus neste mundo. Sobre o nascimento no presépio de Belém brilhou o esplendor dos anjos que traziam a Boa-Nova aos pastores, mas, ao mesmo tempo, a pobreza de Deus neste mundo era demasiado palpável. O velho Simeão falou-vos da espada que atravessaria o vosso coração (cf. Lc 2,35), do sinal de contradição que vosso Filho haveria de ser neste mundo. Depois, quando iniciou a atividade pública de Jesus, tivestes de vos pôr de lado, para que pudesse crescer a nova família, para cuja constituição ele viera e que deveria desenvolver-se com a contribuição daqueles que tivessem ouvido e observado a sua palavra (cf. Lc 11,27s). Apesar de toda a grandeza e alegria do primeiro início da atividade de Jesus, vós, já na Sinagoga de Nazaré, tivestes de experimentar a verdade da palavra sobre o "sinal de contradição" (cf. Lc 4,28s). Assim, vistes o crescente poder da hostilidade e da rejeição que se ia progressivamente afirmando à volta de Jesus até a hora da cruz, quando tivestes de ver o Salvador do mundo, o herdeiro de Davi, o Filho de Deus morrer como um falido, exposto ao escárnio, entre os malfeitores. Acolhestes então a palavra: "Mulher, eis aí o teu filho" (Jo 19,26). Da cruz, recebestes uma nova missão.

A partir da cruz ficastes mãe de uma maneira nova: mãe de todos aqueles que querem acreditar no vosso Filho Jesus e segui-lo. A espada da dor trespassou o vosso coração. Tinha morrido a esperança? Ficou o mundo definitivamente sem luz, a vida sem objetivo? Naquela hora, provavelmente, no vosso íntimo teríeis ouvido novamente a palavra com que o anjo tinha respondido ao vosso temor no instante da anunciação: "Não temas, Maria!" (Lc 1,30). Quantas vezes o Senhor, o vosso Filho, dissera a mesma coisa aos seus discípulos: não temais! Na noite do Gólgota, vós ouvistes outra vez esta palavra. Aos seus discípulos, antes da hora da traição, ele tinha dito: "Tende confiança! Eu venci o mundo" (Jo 16,33). "Não se turve o vosso coração, nem se atemorize" (Jo 14,27). "Não temas, Maria!" Na hora de Nazaré, o anjo também vos tinha dito: "O seu reinado não terá fim" (Lc 1,33). Teria talvez terminado antes de começar? Não; junto da cruz, na base da palavra mesma de Jesus, vós tornastes-vos mãe dos crentes. Nesta fé que, inclusive na escuridão do Sábado Santo, era certeza da esperança, caminhastes para a manhã de Páscoa. A alegria da ressurreição tocou o vosso coração e uniu-vos de um novo modo aos discípulos, destinados a tornar-se família de Jesus mediante a fé. Assim vós estivestes no meio da comunidade dos crentes, que, nos dias após a Ascensão, rezavam unanimemente pedindo o dom do Espírito Santo (cf. At 1,14) e o receberam no dia de Pentecostes. O "Reino" de Jesus era diferente daquele que os homens tinham podido imaginar. Este "Reino" iniciava naquela hora e nunca mais teria fim. Assim, vós permaneceis no meio dos discípulos como a sua Mãe, como Mãe da esperança. Santa Maria, Mãe de Deus, Mãe nossa, ensinai-nos a crer, esperar e amar convosco. Indicai-nos o caminho para o seu Reino! Estrela do mar, brilhai sobre nós e guiai-nos no nosso caminho!

Dado em Roma, junto de São Pedro, no dia 30 de novembro, festa de Santo André Apóstolo, do ano 2007, terceiro de Pontificado.

BENTO XVI

SUMÁRIO

Introdução [1] 3

A fé é esperança [2-3] 4

O conceito de esperança baseada sobre a fé no Novo Testamento e na Igreja primitiva [4-9] 8

A vida eterna – o que é? [10-12] 19

A esperança cristã é individualista? [13-15] 24

A transformação da fé-esperança cristã no tempo moderno [16-23] 29

A verdadeira fisionomia da esperança cristã [24-31] 39

"Lugares" de aprendizagem e de exercício da esperança 49

I. A oração como escola da esperança [32-34] .. 49

II. Agir e sofrer como lugares de aprendizagem da esperança [35-40] 53

III. O Juízo como lugar de aprendizagem e de exercício da esperança [41-48] 64

Maria, estrela da esperança [49-50] 77

Rua Dona Inácia Uchoa, 62
04110-020 – São Paulo – SP (Brasil)
Tel.: (11) 2125-3500
http://www.paulinas.com.br – editora@paulinas.com.br
Telemarketing e SAC: 0800-7010081